「系図」を知ると日本史の謎が解ける

八幡和郎

JN230883

青春新書
INTELLIGENCE

はじめに——「系図」は日本史の謎を解く〝名探偵〟である

遠い先祖からのＤＮＡの流れや結婚を通じて諸家のつながりを示す「系図」ほど、歴史のリアルを雄弁に物語るものはない。多くの言葉を費やしてもピンとこない歴史の真実が生き生きと見えてくるのである。なぜ、あのとき、あの武将が思いもかけない行動をとったのか、あるいはなぜ家来の裏切りに寛容だったり、逆に微塵も許さず女子供まで根絶やしにしたのか……。そんな謎を解く鍵がそこにある。

たとえば、戦国時代に、新田《にった》・足利《あしかが》両氏の祖である源義国《みなもとのよしくに》の子のうち、兄の系統である新田氏ではなく、弟の子孫である足利氏を源氏の棟梁として全国の武士たちが見なしたのはなぜか。その謎は、系図で女系を通じての源頼朝との関係や、鎌倉時代における足利氏と北条氏との婚姻関係を見れば簡単に解ける。

織田信長が平氏だったことが、信長が足利幕府を滅ぼす大義名分に十分になったこと、徳川氏が新田氏の子孫を称していたことが、のちに水戸光圀《みとみつくに》が『大日本史』で南朝を正統として理由らしいことなども、系図を知ればなるほどと頷けるのである。

とっくの昔に滅びたと多くの人が信じている名家のDNAが、実は意外なところに継承されていることも珍しくない。もっとも意外なのは、豊臣家（木下家）のDNAがどうやら現皇室にまで及んでいるという事実だろう。

名君の誉れ高い上杉鷹山《ようざん》が、「忠臣蔵」の敵役・吉良《きら》上野介《こうずけのすけ》の玄孫《やしゃご》にあたることもあまり知られていない。悲劇の死をとげた徳川信康（家康の長男）と築山殿《つきやまどの》（家康の正室）のDNAが、広く日本の名家・名門に受け継がれているのも意外だ。また、本書では、大河ドラマで脚光を浴びた「井伊直虎」と築山殿の血がつながっているのかどうかも検証している。

幕末維新期に目を転じれば、薩摩の島津氏が、元は「関ヶ原の戦い」の敗者として外様の弱い立場だったのが、幕末には一大雄藩として倒幕の原動力になったのはなぜか。そこには、五代将軍・徳川綱吉の養女で、恐ろしい策謀家の竹姫を島津家の奥方として迎えたことで、大奥を自由に操り、挙げ句の果ては二人の御台所まで送り込んだことに起因している。島津氏の父祖が秦の始皇帝や源頼朝にどうつながるとされているかも興味深い。

本書では、こうした歴史のもう一つの側面を「系図」を通して明らかにしていきたい。

戦国時代末期から幕末までを中心に、テーマを四〇項目に分けて、歴史の謎が解ける系図をそれぞれに用意した。そして、系図を主役に歴史の謎解きをしようというこれまでにないチャレンジを試みた。

単に家の継承や婚姻関係を解説するだけの系図本とは一線を画した、ダイナミックな歴史の流れを理解できる本になったと自負している。楽しく読んでいただければ幸いである。

二〇一七年九月

八幡和郎

「系図」を知ると日本史の謎が解ける　目次

第二章　島津氏は始皇帝の子孫というのは本当か
――鎌倉・室町時代に興った大名たちの意外な出自

第三章　家康は築山殿をしぶしぶ処断したのか
——政略結婚で合従連衡の戦国大名の世界

第五章　武将たちのＤＮＡ。その意外な受け継がれ方
——織田・豊臣・上杉家の盛衰の原因を系図から読み解く

第七章　江戸幕府の内側から始まった明治維新
——倒幕のエネルギーを系図から解き明かす

〈註〉

・系図は見やすさを優先し、本論に関係しない人物は省いているものもあります。また、同じ理由から、必ずしも長幼の順に並んでいないものもあります。

・人物等の表記や読み方が複数あったりするものは、煩雑さを避けるために、読みやすさを重視して採用しています。

・生没年等、諸説あるものについては、代表的と考える説に拠っています。

編集協力／江渕眞人
本文ＤＴＰ・系図作成／エヌケイクルー

＊扉写真
第一章：s_fukumura/Fotolia ／第二章：tatsuo115/Fotolia ／第三章：ziggy_mars/Shutterstock.com ／第四章：mtaira/Fotolia ／第五章：mtaira/Fotolia ／第六章：CAPTAINHOOK/Shutterstock.com ／第七章：oben901/Fotolia

第一章　織田信長は平清盛の末裔だから天下を取れた？

――源平の子孫たちが動かした日本史

平清盛が深く信仰した厳島神社。織田信長は清盛の子孫だということを強烈に意識していた。

◆なぜ足利氏が幕府を開けたのか
――清和源氏の棟梁として日本各地を支配するようになった経緯

「応仁の乱」(一四六七〜七七)を扱った本が異例のベストセラーになり、室町時代への関心が高まっている。日本の生活文化が確立したのが室町時代といわれるように、この時代は文化についての評価が高いのだが、長く戦乱が続いていたことから、当時の足利《あしかが》幕府は弱体だったと思われている。

しかしこれは誤解で、足利幕府は、大名同士やその内部で争いを起こさせて、その仲介者として確固とした権威を保っていた。実際、足利時代の守護大名を見ても、ほとんどが足利一族で占められていた。

それでは、なぜ足利氏がこのように権勢を振るうようになったのか。どうして武家の名門・清和《せいわ》源氏の主流といわれるようになったのかを、系図から探っていきたいと思う。

古代は帝位に就く可能性から遠くなった王子たちが、皇族の身分を離れて姓を賜る習慣があった。さまざまな姓があったが、平安時代に入ると、次第に源平のいずれかということになっていった。

〈清和源氏系図〉

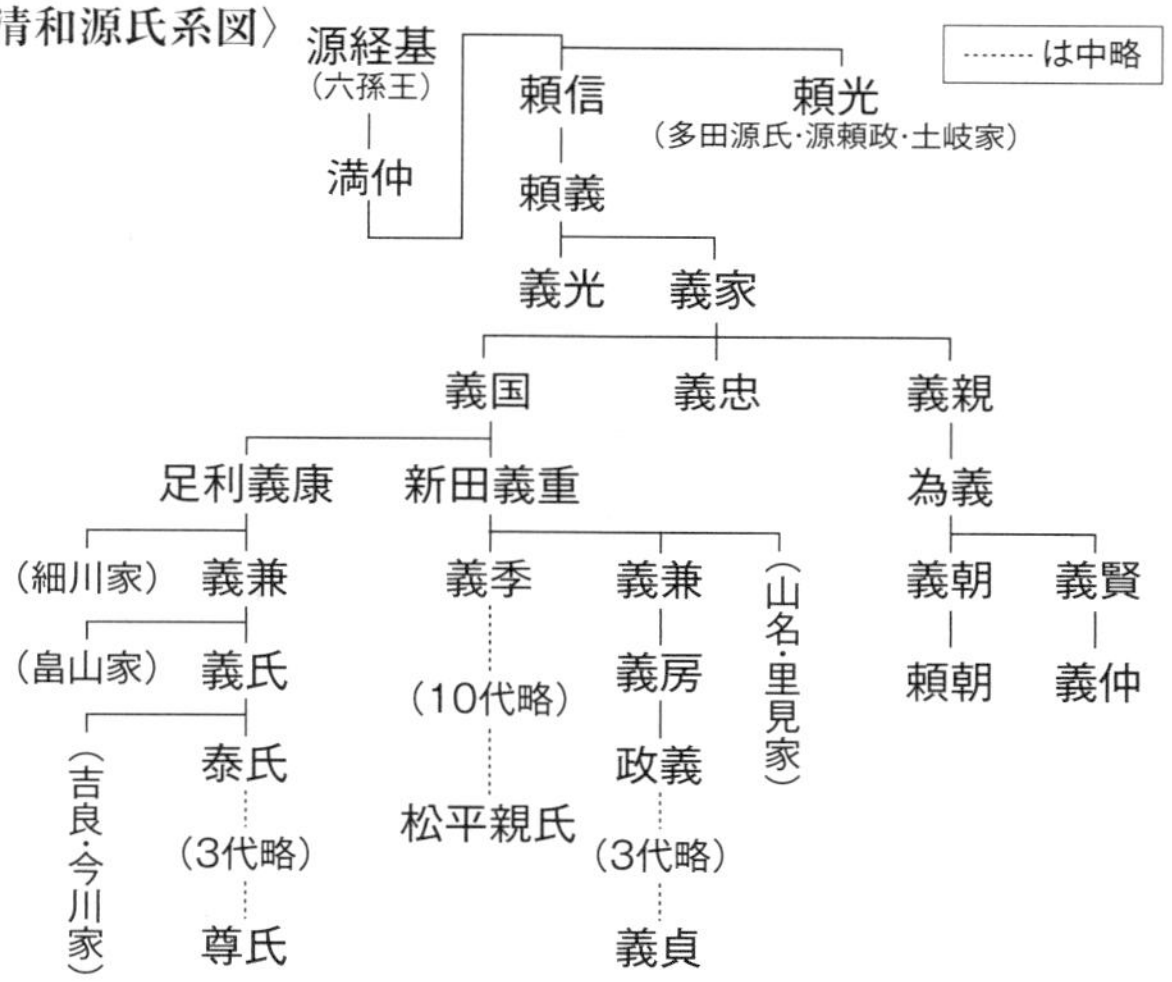

源《みなもと》姓は、嵯峨《さが》天皇（七八六〜八四二）が庶子（嫡子以外の実子）たちに与えたことから始まり、嵯峨源氏、宇多《うだ》源氏、村上源氏などいろいろあるが、とくに有名なのが清和源氏だ。清和源氏とは、清和天皇（八五〇〜八一）の王子から出た氏族で、そこからは鎌倉幕府を開いた源頼朝（一一四七〜九九）をはじめとして、新田氏、足利氏、武田氏などそうそうたる武家が出た。その清和源氏のなかでも、日本史でもっとも重要な一族が河内《かわち》源氏で、足利氏は、この河内源氏の流れを汲む家系である。

清和天皇に貞純親王《さだずみしんのう》があり、その子の六孫王《ろくそんのう》が臣籍降下して源《みなもとの》経基《つねもと》（？〜九六一？）となった。王の邸跡は京都の東寺《とうじ》

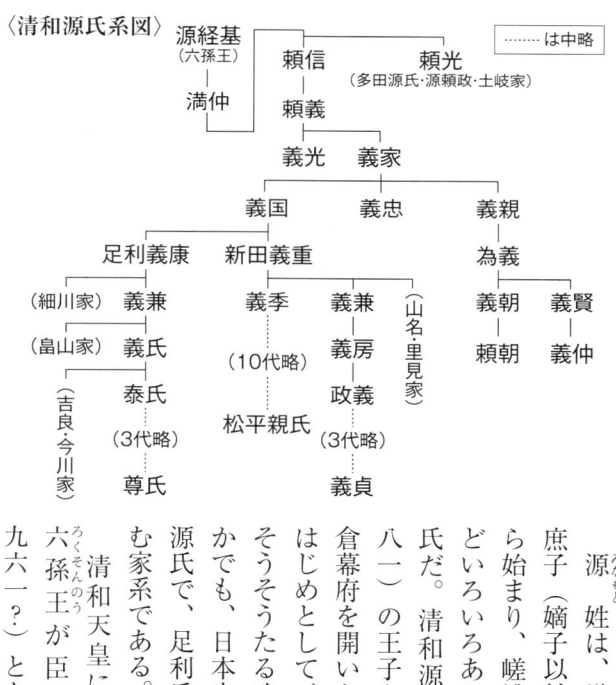

（京都市南区）の裏にあり、そのあとは現在、六孫王神社となっている。その子の源（多《た》田《だ》）満仲《みつなか》は無類の悪党で、摂関家のためにでっち上げ事件をつくって政敵を始末するのを請け負い、そのお陰で武蔵、摂津《せっつ》、越後、越前、伊予、陸奥《むつ》などの国司を歴任して莫大な蓄財をした。

この満仲の嫡流は、兵庫県川西市を本拠とする多田（摂津）源氏だが、子の一人である源頼信《よりのぶ》（九六八〜一〇四八）が大阪府羽曳野市壺井《はびきのしつぼい》を本拠として立てたのが河内源氏だ。

その子の頼義《よりよし》は東北地方での「前九年の役」、さらにその子の八幡太郎義家《はちまんたろうよしいえ》は「後三年の役」で関東武士を率いて活躍した。この義家の子のうち義親《よしちか》の流れから、為義《ためよし》、義朝《よしとも》を経て、鎌倉幕府を開いた頼朝につながる。

一方、義家の四男の義国《よしくに》（加賀介）は、乱暴な振る舞いが多かったが、関東武士の棟梁となり、下野《しもつけ》の足利荘（栃木県足利市）、ついで上野の新田荘（群馬県太田市）を開発し、それぞれ次男の義康《よしやす》と長男の義重《よししげ》に相続させた。これが足利氏と新田氏の始まりである。

足利氏二代目の義兼《よしかね》の母親と源頼朝の母親は、ともに熱田《あつた》神宮神官である藤原季範の娘である。そのため、早くから義兼は頼朝のもとに参じて重んじられた。

その後、ほかの源氏一門の武将が北条氏と対立した中で、足利氏は代々の正室を北条一門から迎えるなどし、源氏の嫡流が実朝《さねとも》の死で断絶したのちは、足利氏が清和源氏の筆頭とみなされるようになった。

室町幕府を開いた足利尊氏《たかうじ》（一三〇五〜五八）は、栃木県の出身と信じている人が多いが、おそらく尊氏は足を踏み入れたこともなく、鎌倉生まれと考えるのが普通だ（実母である上杉氏の荘園があった丹波の綾部市の出という説もある）。母が北条一門でない側室の子なので北条氏の血は薄めだが、尊氏本人の正室は北条一門の赤橋《あかはし》氏からもらっている。こうした係累もあるから、系図の上では上位にありそうな新田氏より格が上だったのだ。

足利家の一門は三河や上総《かずさ》の守護であることが多く、三河にはとくに多くの子弟が土着した。そのなかに、吉良《きら》、今川、細川、一色などの各氏の祖がおり、尊氏の旗揚げのときにも主力部隊となった。

室町時代の守護大名の顔ぶれを見ると、細川、畠山、斯波《しば》の三管領《かんれい》をはじめ、今川、一色、渋川の各氏などはみな足利一門である。山名氏は新田氏一門だが、その祖である山名義範《よしのり》の妻は足利氏出身だ。

つまり、江戸時代の徳川氏一門よりよほど多くの地方を足利一門が支配し、優越的な地位にあったという見方もできるわけだ。

◆細川護熙元首相は細川ガラシャの子孫ではない？

――非情に徹してこそ生き残った名門中の名門

肥後（熊本県）の殿さまで、近年では細川護熙《もりひろ》元首相を生んだ細川家は、足利の家系だ。しかし、足利一族の中ではそれほど格が高いわけではなかった。

足利幕府にあっては、原則としては、本家からあとの世代になってから分かれた家ほど上位に位置づけられた。たとえば、斯波氏は足利氏四代目の泰氏《やすうじ》の子から出ているので格が高い。一方、細川氏は足利初代義康の子である義季《よしすえ》が初代だから、一族のなかでの地位は相対的には低かったのだ。

細川氏の名前は三河国《みかわ》（愛知県）額田郡《ぬかた》の地名が由来だ。現在では岡崎市の一部である。南北朝時代に活躍した武将が多く、とくに細川頼之《よりゆき》は三代将軍・足利義満《よしみつ》（一三五八～一四〇八）の幼少期に後見役として足利幕府の基礎を作った。

細川護熙元首相の肥後細川家は、頼春の子である頼有《よりあり》（一三三二～九一）を始まりとし、和泉（大阪府南部）半国の守護をつとめていたので和泉家ともいわれる。

肥後細川家の礎となった戦国時代の細川幽斎《ゆうさい》（藤孝《ふじたか》）（一五三四～一六一〇）は一三代

将軍・足利義輝《よしてる》（一五三六～六五）の側近で、近江の朽木谷《くつきだに》などでともに亡命生活を送りながら義輝を支えた。

義輝が松永久秀《まつながひさひで》らに殺されると、幽斎は興福寺にあった義輝の弟の義昭《よしあき》（一五三七～九七）をかついで近江の和田（甲賀《こうか》市）、矢島（守山市）、越前一乗谷《いちじょうだに》などと居所を変え、最後は、岐阜の織田信長（一五三四～八二）を頼って義昭の京都復帰を実現させた。

しかし、のちに義昭が信長と対立したときに、幽斎は義昭を諫めて追放され、洛西の領

〈肥後細川家系図〉

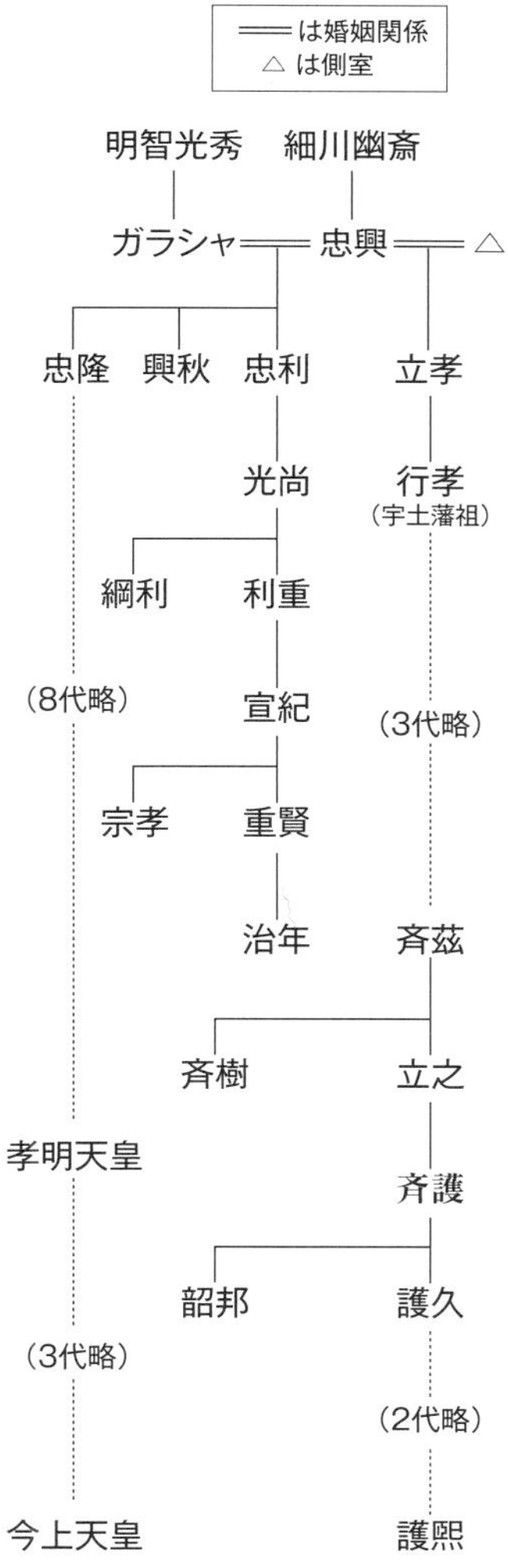

地に引きこもり、敵方の信長についた。

幽斎は、嫡男・忠興《ただおき》（一五六三～一六四六）の妻に明智光秀《あけちみつひで》の娘ガラシャを迎え、信長から丹後国を与えられて、光秀の与力とされた。しかし、「本能寺の変」に際しては光秀から離れ、豊臣大名として生き残った。

「関ヶ原の戦い」では、忠興は家康に従い、幽斎も田辺城（京都府舞鶴市）に籠《こ》もって西軍と戦い、家康から豊前《ぶぜん》（福岡県東部と大分県北部）一国と豊後《ぶんご》（大分県の中部・南部）の一部を与えられることになった。

ガラシャは「関ヶ原の戦い」の際には大坂にあったが、西軍に人質に取られることを拒否して自害した。忠興の長男忠隆《ただたか》の妻は前田利家の娘だったが、ガラシャを見捨てて脱出したことが忠興の不興を買い、それを弁護した忠隆まで、忠興によって廃嫡にされた。

細川忠興は、次男・興秋《おきあき》も飛び越して、徳川に人質に出していた三男の忠利《ただとし》（一五八六～一六四一）を後継者としたが、忠隆の追放も含めて、これも（細川と前田の婚姻関係を快く思っていなかった）家康の意を付度《そんたく》した慎重な対応である。のちに、興秋は「大坂の陣」で豊臣方につき、戦後、忠興に切腹を命じられている。大坂方についたのは、細川家にとっては一種の保険だったかもしれないが、ともかく、忠興は非情に徹した。

忠利は、一六三二年に加藤家改易後の肥後に移り、肥後熊本藩初代藩主となった。忠利は、晩年の宮本武蔵を招き、客人として遇したことでも知られる。江戸中期の七代藩主・細川重賢《しげかた》（一七二一〜八五）は、名君として米沢藩の上杉鷹山《ようざん》と並び称されたが、その次の治年《はるとし》を最後に忠利の系統は終わり、支藩の宇土《うと》藩主家から斉茲《なりしげ》が迎えられた。

その祖は、忠利の弟でガラシャの死後に側室から生まれ、晩年の忠興に溺愛された細川立孝《たつたか》である。細川護煕元首相は、斉茲から数えて六代目なので、右記のような事情からガラシャや明智光秀のＤＮＡは継承していない。しかし、先祖として意識はしているようで、滋賀県大津市内坂本にある光秀の墓を訪れたことが報じられたこともある。

政治評論家として高名だった細川隆元《たかちか》は、忠興の長男だった忠隆の子孫で、ことあるごとに、護煕より自分が本流だといっていた。

なお、忠隆の娘で西園寺実晴に嫁いだものがあり、広幡家を経由して、正親町雅子が孝明天皇の生母となり、明智光秀、細川忠興、前田利家などのＤＮＡを今上陛下に伝えているようだ。

坂本龍馬（一八三六〜六七）は、光秀の甥である光春（秀満）の子孫と称し、それがゆえに明智氏と同じ桔梗《ききょう》を紋所としているが、信憑性は低そうだ。

◆武田信玄のルーツが常陸国にある理由
――甲斐源氏の祖となった紆余曲折

清和源氏のほかにも多くの天皇の皇子が源姓を名乗ったが、著名な子孫を多く出しているのは、嵯峨源氏、宇多源氏、村上源氏といったところだ。

嵯峨源氏で江戸大名としても生き残ったのが肥前平戸藩主の松浦《まつら》家だ。明治天皇の外祖母は松浦家の出身である。

宇多源氏では近江源氏佐々木氏があるが、これについては、のちに説明するように、幅広く勢力を維持している（五四ページ参照）。

村上源氏は公家として藤原家に次ぐ勢力となった。久我《こが》、北畠《きたばたけ》、堀川、岩倉、中院《なかのいん》などの各氏がある。それぞれの名は住まいがあった地名によったもので、先に名前があったわけではない。

このように、さまざまなルーツを持つ源氏一族だが、朝廷ではひとつのグループとして扱われ、足利義満の出現以前には、久我家が村上源氏の氏長者《うじのちょうじゃ》（氏の代表者）を出していた。

清和源氏の本家は河内源氏ではなく、満仲の子の頼光を祖とする摂津（多田）源氏だ

〈武田・小笠原・三好家系図〉

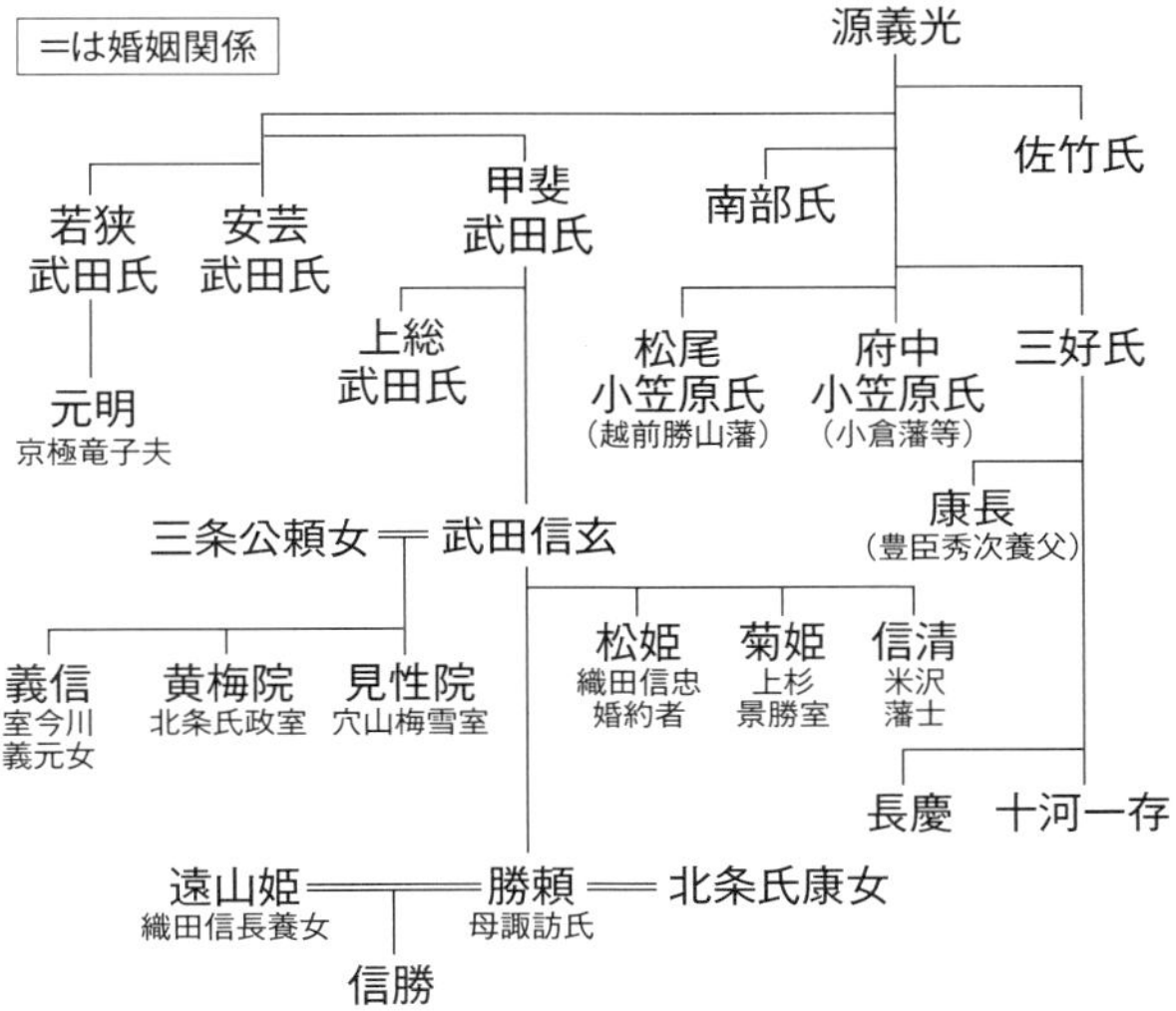

が、ここからは、以仁王《もちひとおう》（一一五一〜八〇）とともに平家打倒に立ち上がった源三《げんざん》位《み》頼政《よりまさ》、美濃守護の土岐《とき》氏などを出した。

河内源氏でも、二代目棟梁の頼義の子で八幡太郎義家の弟である新羅《しんら》三郎義光《さぶろうよしみつ》の系統も、独自の発展をしている。義光は、京都で笙《しょう》の名人として知られたが、「後三年の役」のときには、兄・義家を助けるために官職を捨てて奥州に駆けつけた。

その名に新羅とつくのは、兄の義家が八幡神を守り神としたように、父の頼義が大津市三井寺にある新羅《しんら》明神《みょうじん》で戦勝祈願をして義光を氏人としたからで、朝鮮王朝の新羅《しらぎ》とは関係ない。

義光の子の義清は、常陸国那珂郡武田郷《ひたちなか》（茨城県ひたちなか市）にあったが、当地の土豪と折り合いが悪く、甲斐市河荘《いちかわのしょう》（歌舞伎の市川一門の発祥の地としても知られる市川大門町〈現・市川三郷町〉）へ配流され甲斐源氏の祖となった。武田信玄《たけだしんげん》（一五二一～七三）で知られる武田氏のルーツである。武田氏の名は義清の武田郷という地名から来ている。

源平合戦のとき、甲斐源氏四代当主・武田信義《のぶよし》は、「富士川の合戦」（一一八〇年）で功を上げて駿河守護とされ、子の有義《ありよし》は梶原景時によって将軍候補に擬せられたこともある。

室町時代の武田信満《のぶみつ》は娘婿だった上杉禅秀《ぜんしゅう》の乱に加担して敗死したので、鎌倉公方《くぼう》（室町幕府が関東を統治するために置いた鎌倉府の首長）の足利持氏が同じ甲斐源氏で武田家のライバルである逸見氏を守護にしようとしたこともある。また、守護代の跡部《あとべ》氏の力も侮りがたかったが、一四六五年に、信玄の曽祖父の武田信昌《のぶまさ》が跡部氏を追放して守護権力を確立した。

そして、信玄の父に当たる信虎になって、ようやく強力な戦国大名として統治を開始した。甲府北方の躑躅ヶ崎《つつじがさき》の館が本拠になったのもこのころである。

源義光《よしみつ》（河内源氏二代目棟梁頼義の子）の孫の昌義は、久慈《くじ》郡佐竹郷（茨城県常陸太田市）に落ち着いた。平泉の藤原清衡《きよひら》の娘と結婚し、佐竹氏の祖となる。こののち、佐竹家は東北にも深い関わりをもった。足利尊氏に従って常陸守護となり、戦国時代の義重《よししげ》は、子を会津の蘆名《あしな》氏、いわき市を本拠とする岩城《いわき》両氏に養子として送りこんだ。

秀吉の小田原攻めに佐竹義宣《よしのぶ》が参加して五四万石を得たが、関ヶ原では西軍寄りの日和《ひより》見《み》をしたので、戦後、久保田（秋田）二〇万石に転封された。

甲斐源氏のうち中巨摩《なかこま》郡小笠原《おがさわら》村にあった小笠原貞宗《さだむね》は、足利尊氏から信濃守護とされ信濃に定着し、小笠原氏の当主となった。武田信玄によって信濃を奪われたが、小笠原秀政《ひでまさ》が徳川信康の娘と結婚して、譜代の名門としての地位を固めた。「大坂夏の陣」で秀政らが戦死する悲劇に見舞われたが、やがて、小倉、唐津、播磨安志《はりまあんじ》の各藩主として幕末を迎えたことは、のちに紹介する。

三好長慶《みよしながよし》を出した阿波の三好氏も小笠原一族で、江戸時代にも旗本としては生き残った。

◆「徳川家は新田源氏」は家康の創作ではない
――南朝が正統になった裏に徳川家の先祖あり

黄門様として知られる水戸藩二代藩主・水戸光圀《みつくに》（一六二八〜一七〇一）は、自ら編纂した『大日本史』の中で、朝廷が二つに分裂した南北朝時代は、当時正統とされていた北朝ではなく、南朝を正統の皇統とした。光圀の真意はどこにあったのだろうか。

そもそも、南朝と北朝とどちらが正統といえるものではない。長男の子孫を重んじるという意味では、後深草《ごふかくさ》天皇（一二四三〜一三〇四）を祖とする北朝が、その弟の亀山天皇（一二四九〜一三〇五）を祖とする南朝より優位だが、両帝の父母である後嵯峨天皇夫妻が皇統の継承者として指名したのは南朝の亀山天皇だった。

それを、後深草上皇が幕府に泣きついて、二つの系統が並び立ち、交互に皇位を継承していく「両統迭立《りょうとうてつりつ》」になり、さらに二つの系統がまた、いくつにも分裂した。

当時の足利氏は北朝のほうを正統として保護した。しかし、先に述べた光圀のように、その後、徳川氏は南朝を正統だといいだしたが、これには訳がある。結論からいえば、足利氏に代わって源氏の氏長者となった徳川氏の先祖が、南朝方の新田氏だったからだと私

〈松平家系図〉

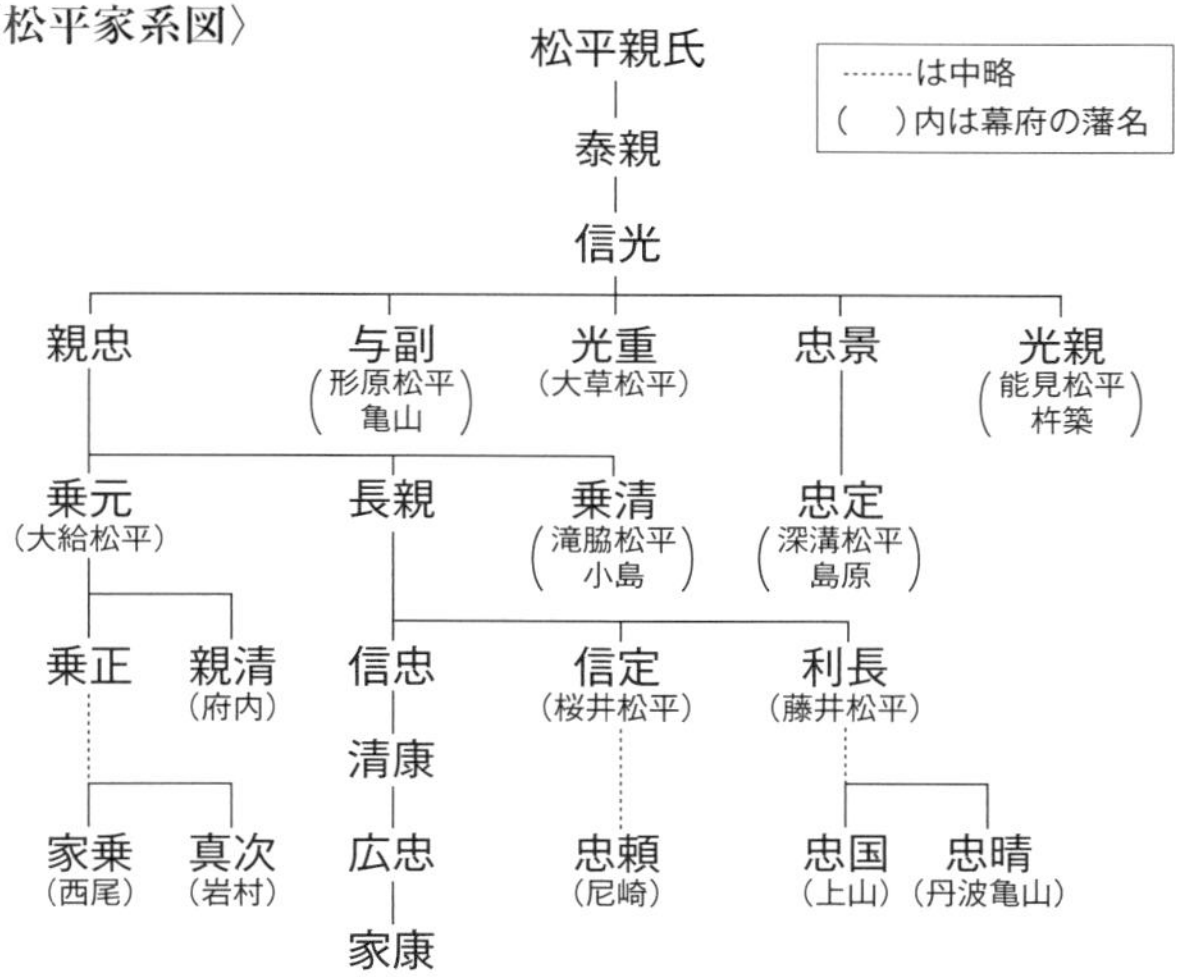

は思う。

八幡太郎義家の三男・源義国《よしくに》は下野《しもつけ》の新田郡に勢力を構え、長男である義重《よししげ》が相続し、新田氏となった。平氏全盛のころは足利氏より新田氏が優勢だったが、源頼朝の挙兵に馳せ参じるのに足利氏に先を越され、のち不遇となった。

南北朝時代には新田義貞《よしさだ》（一三〇一～三八）が南朝について、一時は活躍したが、足利尊氏と対立、滅びた。新田一族で良い位置を占めた守護大名といえば山名《やまな》氏くらいだ。

不遇の新田一族のなかで、義重の四男・（得川）義季《よしすえ》の子孫は、現在は群馬県太田市となっている新田郡世良田《せらだ》荘や徳河《とくがわ》荘を領地とした。ここから出たのが松平親氏《まつだいらちかうじ》（生没年不詳）

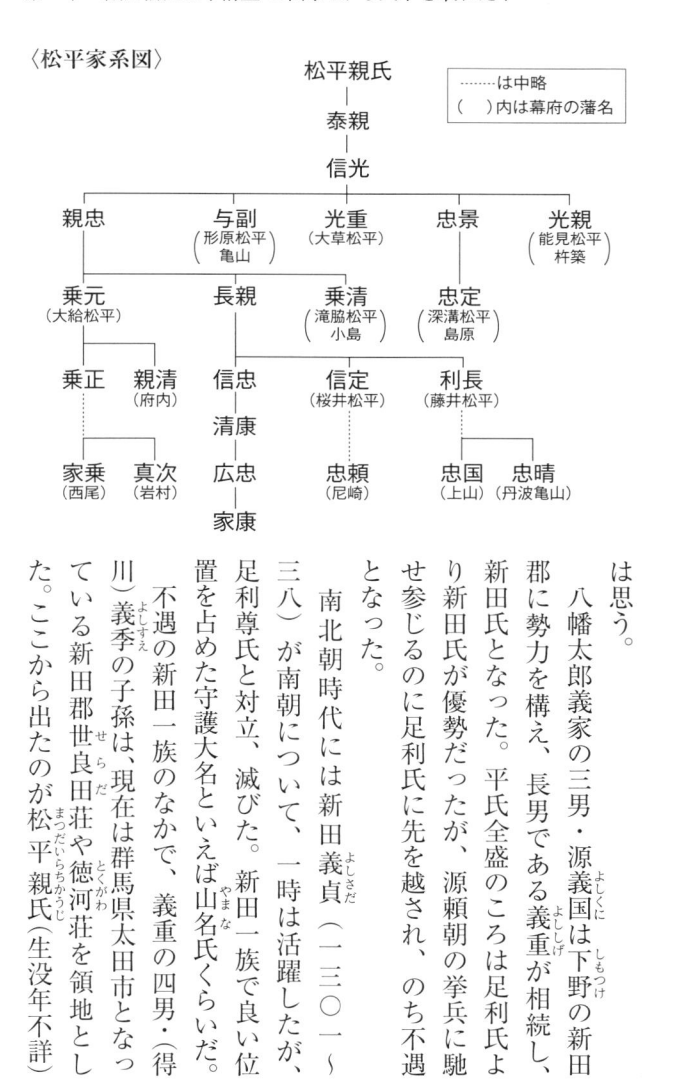

だ。松平氏・徳川氏の始祖である。

親氏は、足利四代将軍・義持のころ、鎌倉公方足利持氏と、その専横を諫めた関東管領（室町幕府が関東統治のために置いた鎌倉公方の補佐役）上杉禅秀との抗争に巻き込まれて出奔し、諸国流浪の旅に出たという。その経路はわからないが、信濃の林家で匿《かくま》われて兎汁《うさぎじる》をご馳走になったという伝説が残っている。江戸時代に徳川将軍家では、正月の三が日に、幕末に上総の請西《じょうざい》藩主に昇格し、戊辰戦争で活躍する旗本林家の当主に兎汁を将軍がふるまったというから、信濃経由だったのかもしれない。

そして、三河国加茂《かも》郡松平郷（愛知県豊田市）へやってきた親氏は「自分は源氏の血を引く関東の名門出身だが、わけあって時宗《じしゅう》の僧となり、諸国を放浪ののちに三河へ来た」とでもいったのだろう。教養人だし、武芸にも秀でていたので、その地の在原業平《ありわらのなりひら》の子孫と自称する土豪から婿養子にと勧められて定着したのである。

松平氏は、兄弟で分割相続を繰り返し、西三河一帯に勢力を拡大していった。松平氏の基礎を築いたのが三代目の信光《のぶみつ》（?〜一四八八）で、平野部の岩津をはじめ、三河の三分の一を平定し、西三河中央部の安城《あんじょう》（当時は「安祥」）に本拠を移した。

信光は四〇人もの子をつくって、彼らの子孫は「一四松平」などと呼ばれ、その多くが江戸時代に大名や旗本となった。大給《おぎゅう》松平家や形原《かたのはら》松平家などがそれで、その多くが親藩大名や大身の旗本になったのは二九ページの系図を見て分かるとおりだ。ただし、各家の結束が強かったわけではなく、たとえば、尼崎藩主となった桜井松平家は、今川義元と織田信長が対立した際には、親今川の広忠（家康）の父親に対して、親織田を掲げ、一時は松平家全体の主導権を取りそうになった時期もある。

われわれの周りでも松平姓が多いのは、こうした信光の子孫が大勢いるからだ。

三代目の信光は八〇歳を超えて生きたので、四代目の親忠《ちかただ》は目立たないが、五代目の長親《ながちか》は、家康が三歳だった七三歳まで長生きし、そして、長親の孫の清康は三河を代表する武将となった。家康は、さらにその孫にあたる。

清康が菩提寺《ぼだいじ》とした大樹寺《だいじゅじ》（愛知県岡崎市）の多宝塔の心礎《しんそ》には、「世良田次郎三郎清康」（世良田氏は新田氏から分立した一族で徳川氏とも近い）という銘が記されているなど、少なくとも清康が新田一族であると名乗っていたのは間違いない。それ以上は証拠がないので想像に過ぎないが、親氏が三河に来たときからそう称していた可能性は高いと思う。

家康はこうしたわずかな手がかりをもとに、新田氏からつながる徳川家のもっともらしい系図を京都吉田神社の神官など専門家たちにつくりあげてもらった。

◆北条早雲が関東支配に成功した縁組み戦略
――桓武平氏の流れをくむ伊勢氏の分家が北条を名乗るきっかけ

桓武《かんむ》平氏は、桓武天皇（七三七～八〇六）の子である葛原《かずらわら》親王（生母は宣化《せんか》天皇の子孫である多治比《たじひ》氏の娘）の孫・高望王《たかもちおう》（平高望）が、八八九年に臣籍降下し平《たいら》姓を賜ったのが始まりだ。

桓武平氏の子孫には、武士ばかりでなく、公家として生き残った者もいた。葛原親王の子供のうち、高棟王《たかむねおう》の子孫は公家として生き残り、平清盛の正妻である時子、その妹で高倉天皇の生母だった滋子《しげこ》（建春門院《けんしゅんもんいん》）などを出した。「平家にあらずんば人にあらず」と豪語したのは、この姉妹の兄弟だった時忠《ときただ》だ。

明治維新後に公家から子爵になったなかで、西洞院《にしのとういん》家、平松家、長谷家、交野《かたの》家、石井家がこの桓武平氏の系統だ。

一方、三重県の津市郊外を本拠にした伊勢平氏の祖・平維衡《たいらのこれひら》の弟である維将《これまさ》の子孫から、北条氏や熊谷氏が出ている。維将の孫である直方《なおかた》は「平忠常の乱」に手こずったが、河内源氏初代棟梁の源頼信と協力して制圧し、娘を頼信の子である頼義と結婚させた。

このとき直方が頼義に、鎌倉を嫁資《かし》（嫁入りの持参金）として与えたのが源氏と鎌倉のなれそめだ。そして、この二人の間に生まれたのが八幡太郎義家や新羅三郎義光だった。

　北条時政（一一三八〜一二一五。北条氏初代執権）は、この平直方の五代下った子孫だ。もとは伊豆《いず》修善寺《しゅぜんじ》の土豪だったとされるが、詳細は不明である。

　一方、維衡の孫に平季衡《すえひら》があり、その五代あとの俊継が伊勢守となったことから伊勢氏を称した。のちの伊勢貞継《さだつぐ》（一三〇九〜九一）が足利義満の養育係だったことから政所《まんどころ》執事となり、以降、代々の将軍の子を育て、とくに、八代将軍・足利義政のときには伊勢

〈桓武平氏系図〉　……は中略

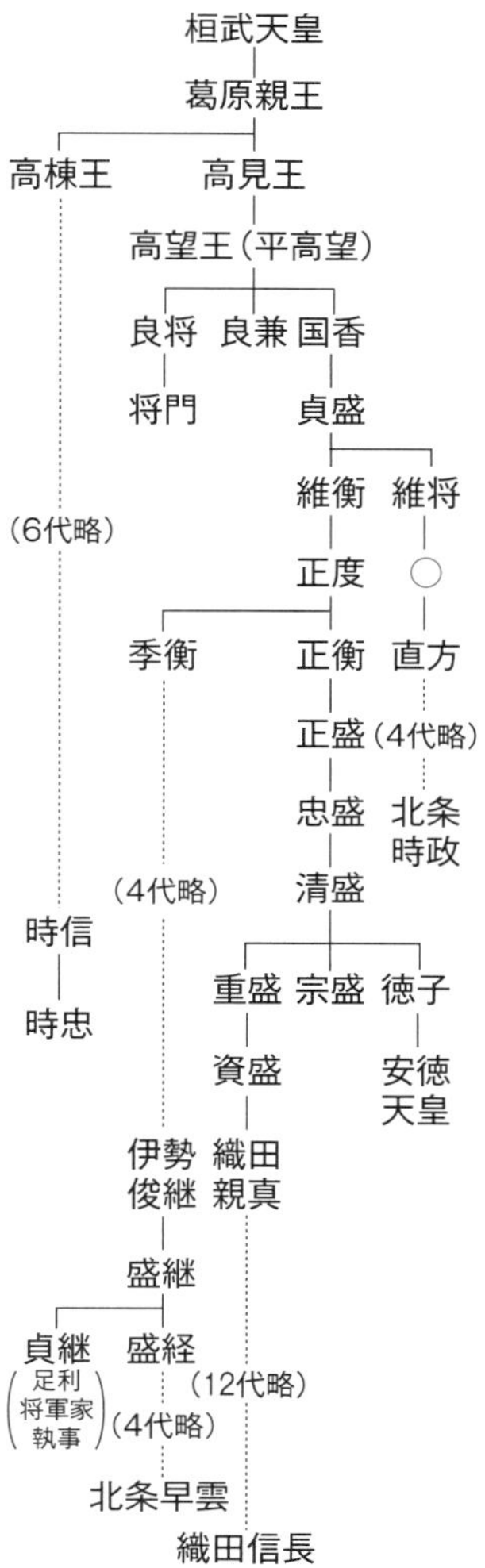

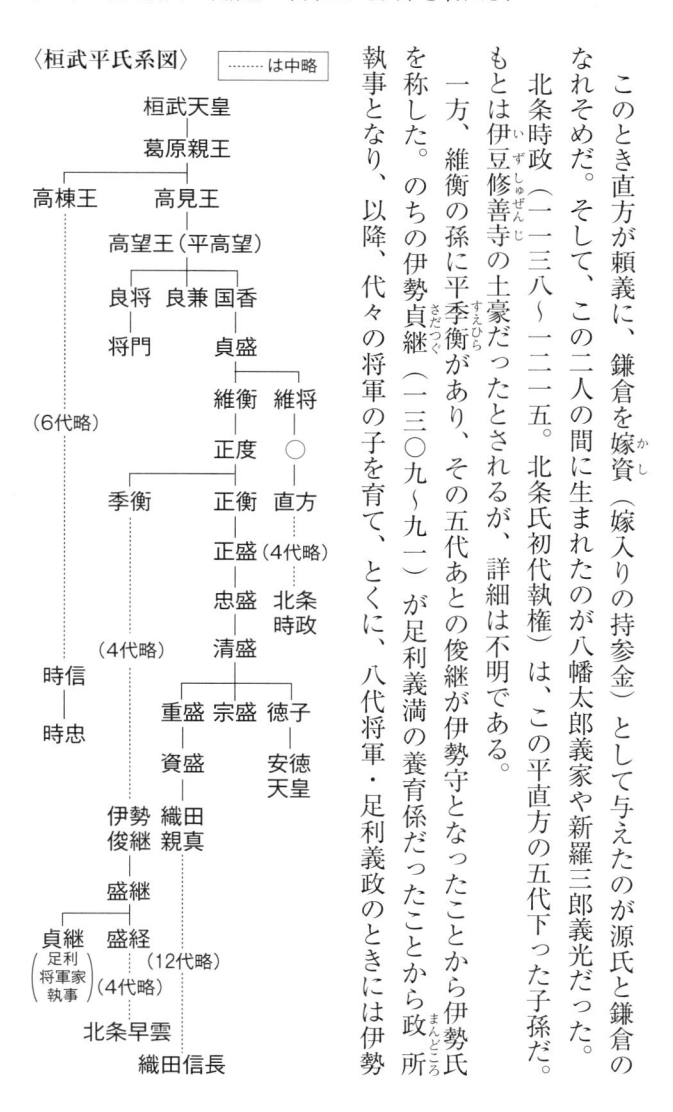

貞親《さだちか》が幕閣の最大実力者といわれた。

北条早雲《そううん》（一四三二〜一五一九。伊勢新九郎宗瑞《そうずい》）は、幕府の実力者・伊勢氏の分家の出身だ。備中に領地を持っていた早雲の父である盛定は、義政の申次衆《もうしつぎしゅう》（総理秘書官のようなもの）として活躍していた。早雲自身は伊勢盛定と貞親の姉妹の間に生まれ、九代将軍・義尚《よしひさ》の申次衆だった。

早雲の姉妹である北川殿が今川義忠の正室となっていたが、義忠が早く死んだために、二人の間の子の氏親《うじちか》（今川義元の父）への継承を助けるために早雲は駿河に下り、客分として沼津付近の興国寺城を与えられた。

このころ、伊豆では、古河《こが》公方（下総国古河＝茨城県古河市を本拠とした関東足利氏）と鎌倉公方の名跡を争っていた堀越公方の跡取りの足利潤童子《じゅんどうじ》とその母が、庶長子（異母兄）の茶々丸に殺された。そこで、これを早雲が幕府の意を受けて討伐したことが、早雲が関東に進出するきっかけになった。

さらに早雲は、相模を本拠とした扇谷《おうぎがやつ》上杉氏と手を組んで小田原城を攻略したが、勢力が巨大になるのを警戒した上杉氏と対立するようになった。このころ、扇谷上杉氏の家老的存在であったのが太田道灌《おおたどうかん》だ。江戸城や川越城は、古河公方を監視するために彼が築いたものである。

早雲の一族が北条氏を名乗るようになったのは、早雲の子である氏綱《うじつな》の時だ。名目的な主君である古河公方と自分たちの関係を、鎌倉幕府の将軍と、同じ桓武平氏である執権北条氏に似たものにしようという意図だったとみられる。

扇谷上杉氏や古河公方らの旧勢力との対立は、結局、三代目の北条氏康（氏綱の嫡男）が、旧勢力連合軍を「河越夜戦《かわごえよいくさ》」（一五四六年）で撃破して終わったが、古河公方は、それ以降、北条氏と縁組みをして名目的な地位を維持しつつ、北条氏の客分的な扱いになった。

すでに、「河越夜戦」の前に北条氏綱の娘（芳春院）が足利晴氏（四代古河公方）のもとに嫁ぎ、戦いの後、二人の子の足利義氏を古河公方の後継者とした。それに不満な一族の足利藤氏《ふじうじ》は上杉謙信と結んで抵抗したが、結局、北条氏の覇権が確立した。

そして、豊臣秀吉の小田原征伐（一五九〇年）のときには、ちょうど北条早雲の曽孫でもある義氏が死んで男子の後継者が空席だったので、秀吉は足利氏姫（五代古河公方・足利義氏と北条氏康の娘の間の子）を足利一族の喜連川国朝《きつれがわくにとも》と結婚させた。この子孫が、江戸時代を通じて下野《しもつけ》喜連川藩として残り、実質は五千石ながら、その家格ゆえ、一〇万石格とされた。喜連川家は、明治になって足利に復姓した。

◆平清盛の末裔だからこそ天下を取れた織田信長
――同じ平氏でも北条氏モデルから清盛モデルに乗り換える

清和源氏だけが源氏でないように、桓武平氏だけが平氏ではない。仁明《にんみょう》、文徳《もんとく》、光孝《こうこう》の各天皇の子孫も、桓武平氏に倣って王子たちが平氏になった。

高望王は上総介《かずさのすけ》となって八九八年に関東に下向し、長男の平国香《くにか》、次男良兼《よしかね》、三男良将《よしまさ》は関東に土着した。

このうち良将の子が平将門《まさかど》（九〇三～四〇）で、その将門に財産争いで殺されたのが国香だ。国香の後継者である貞盛の子・維衡は、藤原道長の時代に武士として著名であり、伊勢の津周辺に勢力を張って伊勢平氏の祖といわれた。

平維衡の曽孫で因幡守《いなばのかみ》だった平正盛《まさもり》は、八幡太郎義家の子で隠岐に流されていた源義親が逃亡して出雲国の目代を殺した事件のとき、義親を討って首を掲げて都大路をパレードして大評判になった（一一〇八年）。これが、源平逆転の象徴的な出来事になった。

平正盛の子の忠盛は、白河院や鳥羽院の側近として活躍し、得長寿院《とくちょうじゅいん》（京都岡崎の東大路通と疏水の交差するあたりにあった三十三間堂《さんじゅうさんげんどう》のような建物）の造営に莫大な寄付をして、『平家物語』に描かれているように、内昇殿《ないしょうでん》（宮中の清涼殿の殿上《てんじょう》の間《ま》に昇ること）を許される破格の待遇を得た。

そして、肥前国神崎荘の預所《あずかりしょ》となって宋人との貿易を行うなどして、巨万の富を築いて清盛に引き継いだ。

平家一門が壇ノ浦で滅びたあと、多くの遺児が生き延びたという「平家落人《おちうど》伝説」が日本各地にある。真偽のほどは不明だが、そんな一つに、平資盛《すけもり》（平清盛の嫡男である平重盛の次男）の子を連れた女性が、近江蒲生《がもう》郡津田荘（滋賀県近江八幡市）の土豪のもとに

〈織田家系図〉

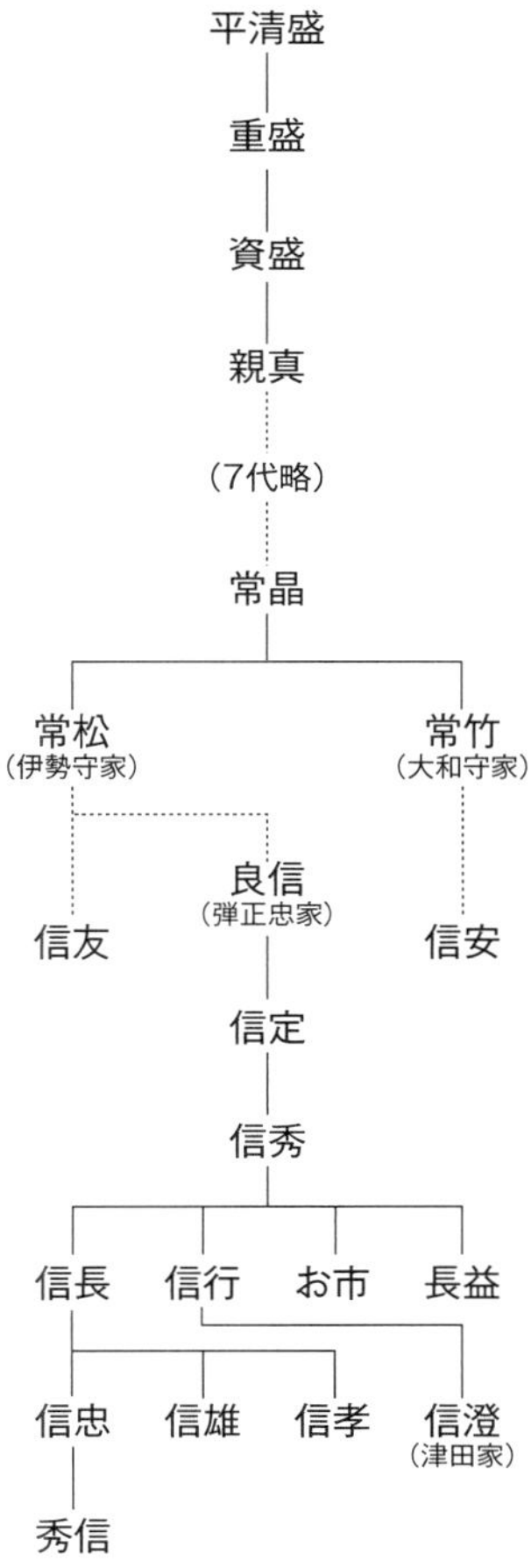

身を寄せたという話がある。そこに、越前丹生《にゅう》郡織田荘の神官がやってきて、その子をもらい受けたのが織田家の祖である平親真《ちかざね》だということになっている。

織田氏は越前守護となった斯波氏の家臣となり、その縁で、やはり、斯波氏が守護を務めていた尾張の守護代となった。北部は織田伊勢守家、南部は織田大和守家が治め、信長の出た弾正忠《だんじょうのじょう》家は、大和守家の一族とみられている。

織田氏の祖先の地に建つ織田剣《つるぎ》神社（福井県丹生郡越前町織田）の神官の家は、代々忌部《いんべ》氏だともいわれ、ほかの地方豪族にもよくあるように藤原氏を名乗ったりしていたようだが、だからといって織田家のルーツが平氏だというのが嘘だとはいえない。

近江の津田荘にやってきた平家の落人の子が織田家の祖先とする伝承がどの程度に史実を反映しているかは不明だが、織田一族には信長の弟信行の子で明智光秀の娘婿だった信《のぶ》澄《すみ》のように、津田姓を名乗る傍流の者が多くいたことからも、こうした始祖物語が早くから存在していたことがうかがえる。

むしろ、織田信長の安土城（滋賀県近江八幡市）は、津田荘のすぐ近くで、これを父祖の地を意識したものと思わないほうが不自然だ。

信長ははじめ足利義昭を奉じ、あとで紹介する、関東の北条氏が関東公方のもとで得ているような執権的な地位を狙ったようだ。

ところが、義昭は、守護代織田家の主君である尾張守護で管領家でもあった斯波氏の地位を信長に継承させようとした。悪い扱いではなかったが、信長はそれに満足しなかった。その思惑の相違から両者は対立したが、義昭はあちこちの大名に上洛するように助力を求めたが、信長を追放する気はなかった。

しかし、一五七二年、朝倉義景・浅井長政が信長に戦いを挑み、武田信玄が遠江《とおとうみ》に本格侵入して徳川方の諸城を侵略した。信長は家康に援軍を送ったが、三方ヶ原《みかたがはら》で家康・信長軍は撃破された（三方ヶ原の戦い）。これをみて、義昭も本格的に信長追討に立ち上がったが、信玄の死で空振りに終わり、逆に義昭は信長によって追放された。

信長は、しばらくは義昭の復帰を要請したりしていたが、やがて方針を変えて、いわば平清盛の図式で、朝廷から右大臣など高い官位を得て、源平の交替で天下を取ると言い出した。信長にとって清盛の子孫だということは強烈に意識されていたのである。

第二章　島津氏は始皇帝の子孫というのは本当か

——鎌倉・室町時代に興った大名たちの意外な出自

中国陝西省西安にある世界遺産・秦の始皇帝陵。薩摩の島津氏は秦の始皇帝を祖先に持つ？

◆大内氏は百済王家を祖先にもつ
――そのために得も損もした大内氏

室町時代の山口を「西の京都」と称されるほどに栄えさせた大内氏《おおうち》は、百済《くだら》の聖明王《せいめいおう》（?～五五四）の子・琳聖太子《りんしょうたいし》が、推古天皇のときに来日したのが初めとされている。

これが事実かどうかはともかく、大内氏の祖がそう名乗っていたことが大事なのだ。大内は領地の地名に由来する名字である。

大内氏は多々良を姓とする周防《すおう》国府の在庁官人として成長し、京都の警護を司る六波羅《ろくはら》探題《たんだい》の評定衆《ひょうじょうしゅう》にも名を連ねた。南北朝時代、大内弘世《ひろよ》（一三二五～八〇）は南朝側で活躍したが、のちに北朝に転じ、周防《すおう》（山口県東部）・長門《ながと》（山口県西部）両国の守護に任じられた。

弘世の子・義弘《よしひろ》（一三五六～一四〇〇）の時代には、三代将軍・足利義満が安芸《あき》（広島県西部）厳島《いつくしま》神社へ参詣するのを周防で出迎え、これを機に、京へ上がった。山名氏が室町幕府に対して起こした「明徳《めいとく》の乱」（一三九一年）で義満の危機を救った大内氏は、その功績で和泉・紀伊の守護となり、南北朝の合一にも力を尽くした。

だが、義弘はのちに金閣寺の造営に駆り出されたことや九州での戦功への報酬の少なさについて義満への不満をもち、堺に籠城して上京要請を拒み、ついに義満に反旗を翻した。だが、義満は陣頭指揮でこれにあたり、正月の飾り物を焼く左義長《さぎちょう》という火祭りを利用して堺の町に火をかけ、義弘を滅ぼした。

義弘が李氏朝鮮と通商し、百済王の後裔であることを理由に半島封地を与えるよう願ったことも義満の気に障ったのだろう。

〈大内家系図〉

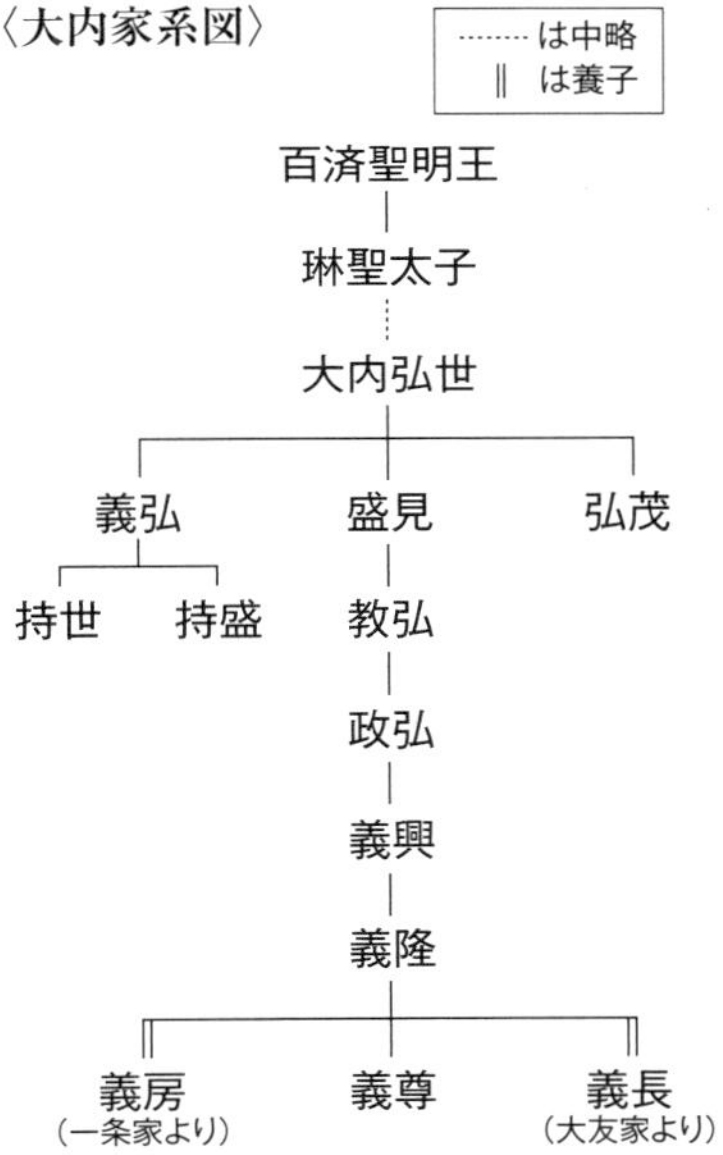

こうしていったん防長に押し込められた大内氏だが、やがて息を吹き返し、「応仁の乱」では政弘《まさひろ》（一四四六〜九五）が西軍にあって重きをなした。

その後、政変で追放された一〇代将軍・足利義稙《よしたね》を山口に迎えた大内義興《よしおき》（一四七七〜一五二九）は、これを擁して上洛し（一五〇八年）、一〇年にわたって「管領代《かんれいだい》」として京都を支配した。

ただ、なまじ百済王家の子孫と先祖がはっきりしているので、自らの出自に関して、信長が平氏、家康が源氏と主張したように勝手な名乗りをできず、「管領代」以上には昇進できなかった。

そしてついに、尼子経久《あまごつねひさ》の台頭で山口への帰国を余儀なくされた。もし、経久という天才が出現しなかったら、義興は信長に先立って天下人になれたのかもしれない。

しかし、子の大内義隆《よしたか》（一五〇七〜五一）の代になると再び興隆し、周防、長門、安芸、備後《びんご》、石見《いわみ》、豊前、筑前の守護を兼ね、さらに従二位《じゅにい》大宰大弐《だざいのだいに》（大宰府の次官）にまで上りつめた。山口には公家たちも続々と集まり、雪舟のような文化人も活躍したし、ザビエルも布教にやってきたのである。

日明貿易の利権をめぐって、勘合貿易の受け入れ窓口だった寧波《ニンポー》（中国浙江省）で起きた乱では細川氏と争ったが、持ち前の国際感覚を活かして独占に成功した。

中国びいきの学者は、当時の日明貿易をもってして、日本も冊封《さくほう》体制で中国中心の国際秩序に組み込まれていたと主張したがるが、適切な解釈ではない。勘合貿易が将軍の名で行っていた貿易だとしても、実態は国が相手というよりも大内氏と博多商人が相手だと明の側も理解していたわけで、特殊な貿易関係でしかなかったのだ。

しかし、極度に公家化した大内義隆への不満などから、義隆は家臣の陶晴賢《すえはるかた》に殺され、そのあとは、大友氏出身の大内義長《よしなが》が当主となったが、やがて毛利元就に滅ぼされた。

大内氏のような帰化人系の家系は、ほかには、日向の高鍋《たかなべ》藩主の秋月家が後漢の霊帝《れいてい》を祖先とするという。応神天皇のときに来日した霊帝のひ孫とされる阿知使主《あちのおみ》の血を引く大蔵春実《はるざね》が、「藤原純友の乱」鎮圧のために大宰府に派遣され、筑前国の秋月に土着したのが始まりだ。

また、陸奥一関《いちのせき》（岩手県）藩主の田村氏は、福島県田村郡三春から出ており、伊達政宗の正室だった愛姫の実家だが、坂上田村麻呂《さかのうえのたむらまろ》の子孫と称する。坂上氏も秋月氏と同じ阿知使主の子孫である。

◆源頼朝の墓を島津家が管理していた理由

――源氏と秦の始皇帝、二つの系統の真相

源頼朝の墓が鎌倉にある。鶴岡八幡宮の裏手で、一七七九年に薩摩藩主だった島津重豪《しげひで》（一七四五〜一八三三）が、先祖供養のためと称して建立したものだ。近年になって鎌倉市に寄付されるまで島津家の所有であり、一緒に島津氏初代の忠久《ただひさ》（一一七九〜一二二七）の墓もある。

島津重豪は、徳川幕府の許可のもとにこの建立を行っている。また、水戸藩に依頼して、『大日本史』に異説のひとつとしてではあるが、忠久の源頼朝落胤《らくいん》説を掲載させている。

この落胤説は室町時代からいわれだしたものとみられるが、忠久がもともと渡来系氏族である秦《はた》氏系の惟宗《これむね》氏の出だったということを否定するものではない。忠久は、父母が結婚する前に生まれた連れ子だとしたのだ。

忠久の出自は諸説あるが、通常は、平安末期の歌人（勅撰和歌集『千載集《せんざい》』にも歌が残っている）である惟宗広言《ひろこと》の子とされる。母は頼朝の乳母であった比企尼《びくに》の娘である丹後《たんごの》局《つぼね》で、二代将軍・源頼家の正室の父である比企能員《ひきよしかず》の妹らしい。

頼朝はこの乳母の孫にあたる忠久に、所領として伊勢を与え、ついで、日向国都城に本拠を持ち南九州全域に拡がる近衛領島津荘の下司《げし》（のちには地頭）、そして、薩摩・大隅・日向三国（奥三州）の守護に取り立てた。

同時に豊後、肥後、筑後は大友氏の、筑前、肥前、豊前は少弐氏のそれぞれの先祖に与えられた。

惟宗一族は、秦の始皇帝の子孫が百済を経て渡来してきた秦氏の一派とされる。本当に始皇帝の子孫かどうかはともかく、陝西《せんせい》省に本拠を置く秦王国の支配階級がルーツという

〈島津家系図〉

……は中略

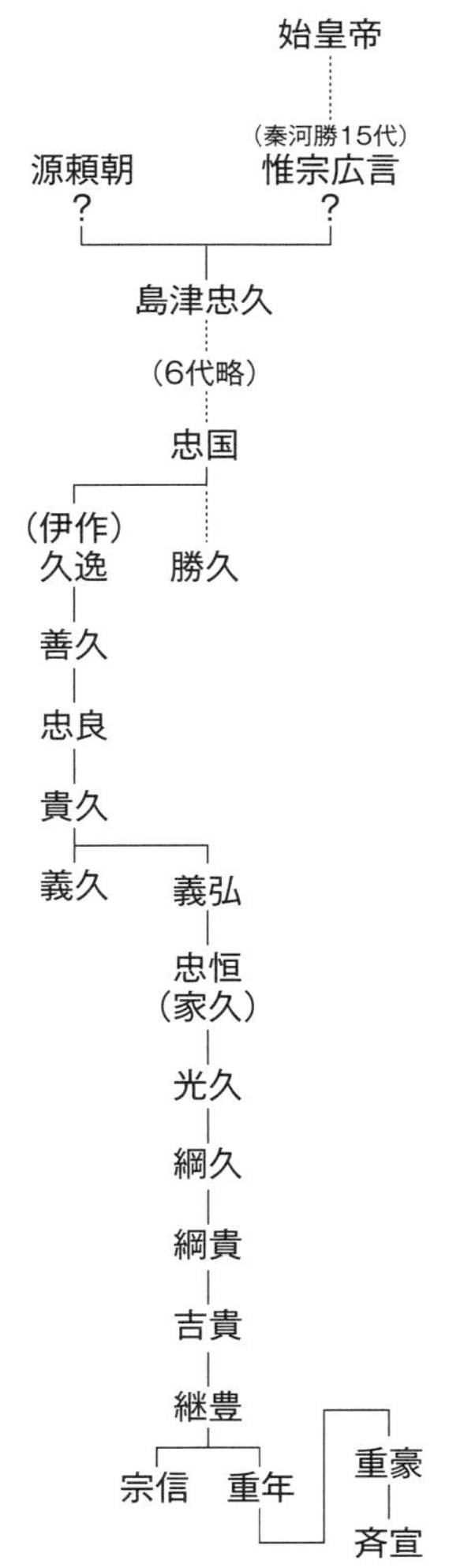

ことなのだろう。

惟宗姓は秦氏系の多くの家系に与えられたので、詳しいことはわからないが、島津氏は秦河勝《はたのかわかつ》の子である石勝の子孫ともいわれている。

平安時代、摂関家から遠い下位の貴族たちは、東国などへ移って武士になるか、あるいは、神社の社家になるか、有力公家の家人のようになって、その庇護のもとで仕事を得るかしかなかった。島津氏は、藤原五摂家の筆頭の近衛氏に従属していたらしい。

のちに二代将軍・頼家と比企氏の失脚に伴って苦境に陥ったが、なんとか乗りきり越前や信濃の守護になったこともある。北陸や長野県に島津姓が多いのはそのためらしい。

島津氏は鎌倉に住み薩摩には代官を派遣していたが、三代目の久経《ひさつね》（一二二五～八四）が、一回目の蒙古襲来である「文永の役」の翌一二七五年に、異国警固番役として福岡市の箱崎に布陣することになり、やがてその子の忠宗が任国への居住を命じられた。

島津氏は多くの分家に分かれていたが、そのなかに鹿児島県日置市を本拠とする伊作《いざく》島津氏があった。これがのちに薩摩藩主の島津氏当主の流れとなる。戦国時代の忠良《ただよし》（一四九二～一五六八）は日新公《じっしんこう》と呼ばれ、いまも「薩摩の聖君」と慕われている。

その母の常磐《ときわ》が、夫の死後に女領主となり、しかも、近隣の島津氏の分家の相州《そうしゅう》家の島津運久《ゆきひさ》と再婚したので、忠良はこちらの領地も相続した。

そして、忠良は子の貴久《たかひさ》を守護家の養子に送り込んで、本家を乗っ取ったような形になった。この貴久の子が義久《よしひさ》、義弘《よしひろ》らの四兄弟で、彼らの活躍で島津氏は九州一の大名になった。源頼朝の御落胤という看板は権威を高めるために大いに役立った。

しかし、関白となった豊臣秀吉から服従を要求されると、「頼朝の子孫が成り上がり者のいうことなど聞けるか」と突っぱねたが、攻め入った秀吉軍に討伐された。これによって秀吉の九州平定が成った。

江戸時代には、養子に三代将軍・家光《いえみつ》の弟の忠長を迎えようとしたこともあったが、頼朝の血を絶やさないようにと幕府に断られたこともあった。

秦氏といえば、土佐の長宗我部《ちょうそかべ》氏もこの系統である。秦河勝が信濃国に領地を与えられ、子の秦広国を信濃に派遣したが、後年、信濃更級《さらしな》郡に居住していたその子孫である秦能俊《よしとし》が土佐に入ったとされる。これが、土佐の長宗我部氏の初代となった。また、対馬の宗《そう》氏、越中の神保《じんぼう》氏も秦氏系といわれる。

◆大江広元を祖にもつ毛利元就の閨閥づくり

——国人領主から中国地方の覇者になった知略

毛利氏は、桓武天皇の母方祖母の実家である大江（大枝）氏の流れである。先祖は、一一代垂仁《すいにん》天皇に仕え、相撲の祖とされる野見宿禰《のみのすくね》だ。野見宿禰は、天照大神の脇から生まれ、出雲大社宮司の千家の祖でもある天穂日命《あまのほひのみこと》の子孫とされる。

野見宿禰は、殉死の制度をやめるために、殉死者の代わりに埴輪《はにわ》を埋めることを提唱したとされ、また、土木工事を含めて古墳の築造に関わった。その子孫は土師《はじ》氏を名乗った。土師氏は各地に勢力を張ったが、とくに、河内の藤井寺（現在の大阪府藤井寺市）を本拠とした。

土師氏は桓武天皇の外祖母の実家であることから、七九一年、土師諸上《もろがみ》らに大枝の姓が与えられ、八六六年には大枝音人《おおえのおとんど》が大江と表記を変えた。大江氏の系統は学問や和歌の道にすぐれ、大江千里《おおえのちさと》、大江匡衡《まさひら》、大江嘉言《よしとき》、女性では和泉式部、赤染衛門《あかぞめえもん》らを出している。

また、八幡太郎源義家に兵法を教えた大江匡房《まさふさ》もこの大江氏である。匡房の孫である広《ひろ》元《もと》（一一四八～一二二五）は、一一八四年に源頼朝に仕え、幕府官僚組織を率いた。その

〈毛利家系図〉

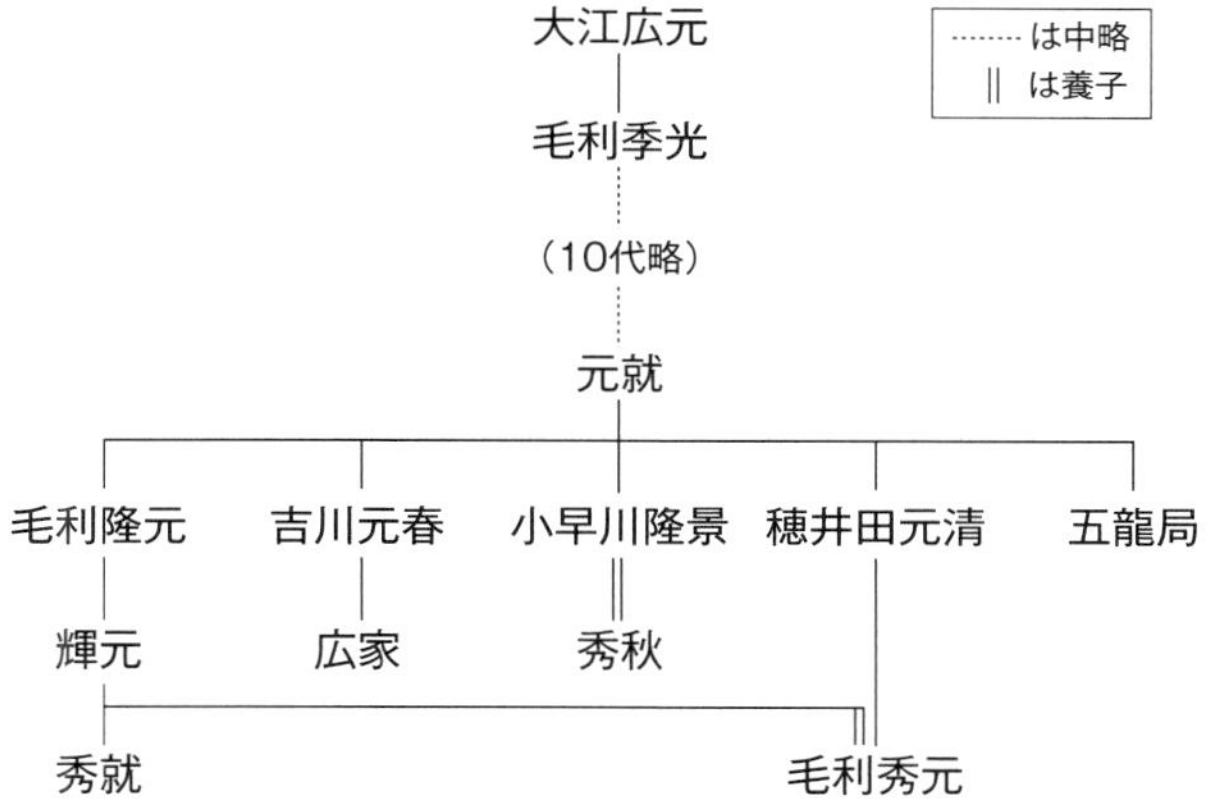

広元の四男である季光《すえみつ》（一二〇二〜四七）は、父の所領のうち相模国毛利荘（神奈川県厚木市）を相続し、毛利氏の祖となった。毛利季光の子孫は各地に地頭などとして移り、そのため全国各地に毛利姓は見られるが、季光の四男である経光《つねみつ》の子孫が安芸国吉田荘に定着し、この子孫から戦国時代の毛利元就《もとなり》らが出た。

　安芸の毛利氏は、鎌倉、室町時代を通じて有力国人《こくじん》の一人に過ぎなかったが、大内氏の京都進出に参加したりして見聞を広め、徐々に戦国の世の最有力者としての地位を固めた。

　毛利元就が家督を継いだときは尼子《あまこ》氏の全盛期で、毛利氏も含めて安芸の多くの国人もこれに属した。だが、元就は、大内義隆との連携を求め、安芸武田氏を倒したのち、尼子詮久《はるひさ》（晴久）が率いる三万人の猛攻を郡山城で受けた（一五四〇年）。籠城戦で時間を稼いだのち、大内氏の援軍によってこれを退け、安芸最大勢力としての地位を確立した。

元就の「謀《はかりごと》多きが勝つ」という言葉のとおり、縁組み、調略、偽の情報を流しての敵方分断など頭脳を駆使して、一筋縄ではいかない国人たちが割拠する安芸をまとめていった。隠忍自重《いんにんじちょう》して時を待ち、しかるのちに行動したことが、国人たちの支持を得た理由であろう。とくに、勇猛な次男の元春《もとはる》を山間地域の雄だった吉川《きっかわ》氏に、知略にすぐれた三男の隆景《たかかげ》を瀬戸内地方に勢力を張る小早川《こばやかわ》氏に跡取りとして送り込んだことが、のちの飛躍につながる。

陶晴賢《すえはるかた》とは、郡山城包囲戦で助けられるなど、もともと友好関係にあった。晴賢が主君の大内義隆を謀殺した事件後も良好な関係はしばらく続き、むしろ、毛利氏は新しい情勢を利用して安芸での地位確立を進めていた。

だが、盟友だった石見の吉見《よしみ》氏と陶晴賢が対立するに及んで、対決を決意し、経済的にも要地だった厳島を奪取し、ここに陶軍を誘い込んだ。味方につけた村上水軍の活躍もあって数で勝る敵軍を大混乱に陥れ、陶晴賢は脱出する船もみつからない中で宮島の海岸で自決した（厳島の戦い。一五五五年）。

なお、大江氏の系統では、山形県の寒河江《さがえ》氏や長井氏も著名であり、徳川譜代の酒井氏も大江氏の流れを称している。

◆幕末まで四家も生き残った名門・京極家
――その背景にある女性たちの大活躍

室町時代の守護大名で幕末まで生き残ったのは、長尾氏に名跡を譲った上杉氏を別にすると、島津、細川、佐竹、そして京極の四家だけだ。このうち京極家は、高知流《たかとも》京極家など四家も残り、維新後にそろって子爵になった。近年では靖国神社の前宮司の京極高晴氏を出している。

京極家が生き残りに成功したのは、戦国時代の京極家の女性たちの大活躍がゆえだ。

戦国時代にあって、近江南部は佐々木一族の六角《ろっかく》氏、北部は京極氏によって支配された。佐々木氏は清和源氏でなく宇和源氏の流れだ。近江の佐々木荘を領し、祖の佐々木秀義《ひでよし》（一一一二～八四）らが源頼朝の天下取りに活躍して、子孫は諸国の守護になった。やがて六角氏と京極氏に分かれたが、六角も京極もその名は京都屋敷のあった場所に由来する。

佐々木氏は、出雲守護も兼ねていたが、ここに守護代として送り込まれていたのが、京極氏一族の尼子氏である。尼子氏の祖は、南北朝時代に「婆娑羅《ばさら》大名」と称された派手好みの風流人、佐々木道誉《どうよ》（一三〇六～七三）の孫に始まる。もともと滋賀県東部にあった

〈六角京極家系図〉

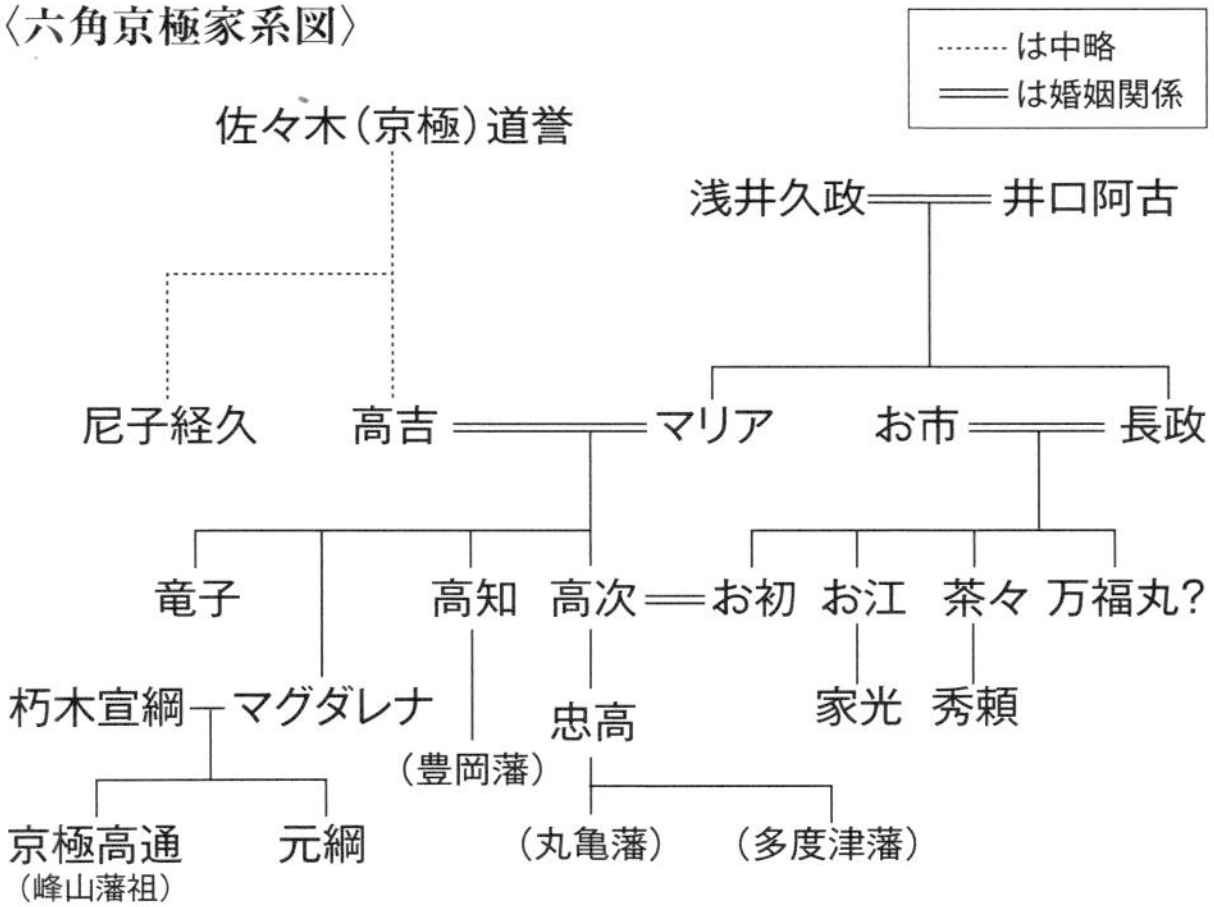

尼子から出ていて、いまも、近江鉄道に同名の駅がある。

　京極家の本家は、家臣の浅井氏に押されて、その客分のようなかたちで生き残っていた。縁組みも盛んにして、浅井長政の姉（切支丹で、京極マリアという洗礼名で知られる）が京極家に嫁して生まれたのが、京極高次《たかつぐ》、高知《たかとも》、竜子《たつこ》、朽木《くつき》マグダレナの兄弟姉妹だ。

　そして、浅井長政とお市の方（信長の妹）との間に生まれた三姉妹のうち、次女のお初は、従兄妹に当たる京極高次の妻となっている。

　京極竜子は、はじめ、若狭国守護の武田元明と結婚したが、元明は「本能寺の変」のあと明智光秀についたために自刃に追い込まれた。そして、美貌の未亡人として知られた竜子は、豊臣秀吉の側室になった。

秀吉は好色で女性関係は盛んだったというが、正室の寧々《ねね》（北政所《きたのまんどころ》）が怖かったのか、きちんとした側室として名が残っているのは、長浜時代に、夭折した最初の子を産んだとされる南殿が最初だ。しかし、この女性は素性すらわかっていない。一方、竜子は天下人となった秀吉が、ようやく寧々からお許しを得て囲った第二夫人的な存在だった。

嫁のお初と妹の竜子のおかげで出世できた運のいい高次は、近江八幡城主から大津城主になった。「関ヶ原の戦い」では西軍に属していたが、家康が攻め上がってくると聞くや東軍に寝返った。戦いの前日になって開城したが、立花宗茂《たちばなむねしげ》ら西軍の大部隊を食い止めたことは評価された。

その功により高次は若狭小浜城主となった。また、高次の弟の京極高知（高知流京極家の祖）も、東軍について戦功をあげ、丹後一国を得た。高次の妹マグダレナの嫁ぎ先である朽木《くつき》家は近江高島郡にあったので、兄弟姉妹の領地がひとまとまりになった。母である京極マリアは丹後の地に落ち着いて布教につとめた。

その後、高次の庶子と、二代将軍・徳川秀忠とお江《ごう》（浅井三姉妹の一人）の娘が結婚して跡を継ぎ、そのあと、出雲の太守になったり、嗣子がなく減封されたりと、いろいろあった。最終的には、京極高次の子孫は讃岐丸亀城主となり、その分家も讃岐多度津《たどつ》藩を興した。

また高知の子孫は但馬《たじま》豊岡藩主になり、高知の養子になったマグダレナの息子は丹後峰山藩主として明治維新を迎え、冒頭で述べたように、京極を名乗る四家とも明治時代になってそろって子爵となったのである。

◆加賀前田家の梅鉢紋は菅原道真の子孫を象徴

――残らなかったまつのＤＮＡ

加賀百万石の藩主である前田家の紋所《もんどころ》が梅鉢《うめばち》であることは、前田家が菅原氏の流れを汲むことを象徴している。藩祖の前田利家《としいえ》（一五三九〜九九）は、戦士としては抜群で、敵の生首を生涯に二六も獲ったといわれるほどだが、指揮官としての戦功はたいしたことはない。織田信長の利家に対する評価もそれほど高くなかったようだ。

利家は、菅原道真《すがわらのみちざね》の子孫と称する愛知郡荒子《あらこ》（名古屋市中川区）の土豪の四男で、信長に近侍していたとき、喧嘩して茶坊主を斬り殺して出奔した。帰参したのち柴田勝家の与力として、越前府中（武生《たけふ》）で佐々成政《さっさなりまさ》、不破光治《ふわみつはる》と三人で共同領主となり、信長の死の前年に能登を与えられた。

羽柴秀吉（のちの豊臣秀吉）と柴田勝家が戦った「賤ヶ岳《しずがたけ》の戦い」（一五八三年）では、勝家のもとで消極的に出兵した。秀吉が勝利したが、利家は娘の豪姫（宇喜多秀家夫人）を秀吉に養女として与えていたことなどもあって許された。さらに、ライバルの佐々成政を制圧し、金沢をはじめ加賀二郡を獲得して大大名となった。

〈前田利家の子孫〉

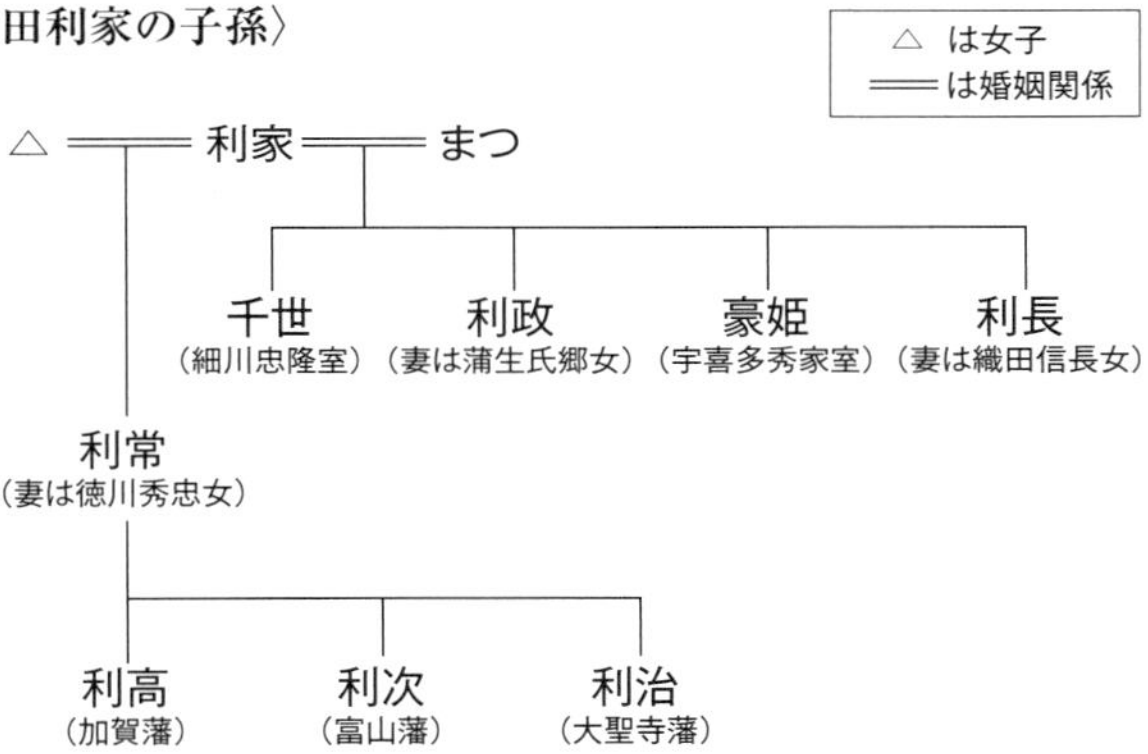

旧織田家中のなかでは、上位者の失脚で利家の序列が自然と上がってきた。「本能寺の変」（一五八二年）のあとだけでも、明智光秀、柴田勝家、滝川一益《たきがわかずます》、丹羽《にわ》長秀《ながひで》、池田恒興《いけだつねおき》、森長可《もりながよし》、佐々成政、堀秀政《ほりひでまさ》、蒲生氏郷《がもううじさと》が次々と消えて、最後に残ったのが利家だった。

秀吉の死ののちは、徳川家康より優位にあったくらいだが、利家は「関ヶ原の戦い」の前年に死去する。嫡子の利長《としなが》（一五六二〜一六一四）は、秀頼のお守り役の仕事を放棄して金沢に一時帰国した。それを、家康から反逆ではないかと脅されると、あっさり母のまつを人質として江戸へ送り、白旗を上げた。

利長は、「関ヶ原の戦い」のときは、西軍の丹羽長重《ながしげ》（小松城主）らと小競《こぜ》り合いをするだけだった。戦い後は、西軍寄りだった同母弟の前田利政の領国だった能登を併合した。やがて徳川秀忠の娘と縁組みした異母弟の利常《としつね》に家督を譲って隠棲した。

しかし、建前としては豊臣を裏切れず、「大坂冬の陣」（一六一四年）に先立って豊臣から誘われたときは、「羽柴肥前守利長は豊臣に味方するが、松平筑前守利常は無理だ」という弁解をした。最期は、高岡城で自殺同然の死に方をした。

江戸に送られたまつは、以後、息子の利長には会えなかったが、「大坂夏の陣」ののち上洛して京都嵯峨野に隠棲していた利政と約二〇年ぶりに感激の再会をしている。利政の子孫は加賀藩に仕え、前田土佐守家と名乗って有力家老として活躍した。大槻伝蔵という家臣が藩政改革を断行しようとして起きた加賀騒動では、保守派の頭目として登場した。

加賀の前田家は、徳川幕藩体制のなかで毒にも薬にもならない存在として生きながらえた。利常の孫の四代藩主・綱紀《つなのり》は、国許ではそれほどの善政も苛政もしなかったが、保科正之の娘婿となり、学術や贅沢な工芸品産業を振興し、新井白石をして「金沢は天下の書庫」と呼ばしめた。学問の神様である菅原道真の子孫を称するだけはある生き方だった

前田家の江戸藩邸は、現在の東京大学の本郷キャンパスに上屋敷があった。一一代将軍・徳川家斉の愛妾お美代の方の娘・溶姫《やすひめ》が、前田家一三代・斉泰《なりやす》のもとに輿入れするときに

造営されたのが、現在の東大の赤門である。そして彼らの子の慶寧《よしやす》を次の将軍にという陰謀があったが、これは加賀藩にふさわしくない冒険で、お美代の一人芝居だった。

幕末期、慶寧は勤皇派に近く、「禁門の変」（一八六四年）の際には京都にあって長州寄りで動いた。しかし、隠居の父の斉泰に止められて、側近の勤皇派は飛び地の近江高島郡で粛清されるなど、中途半端な動きしかできなかった。戊辰戦争には大兵力を送り多くの戦死者も出したが、新政府からはそれほど評価されなかった。明治になってから金沢は「賊軍」の城下町だった仙台よりはるかに冷遇された。

前田家と同じく、菅原氏の子孫を名乗る大名としては、家康の母が再婚した久松家（江戸時代には松平を名乗った）がある。伊予松山藩や伊勢桑名藩の藩主である。

第三章　家康は築山殿をしぶしぶ処断したのか

――政略結婚で合従連衡の戦国大名の世界

現在の浜松城。正室・築山殿と長男・信康の処分をここで決断した。

◆天目山で死んだ信玄の孫は、宿敵・信長の外孫でもあった

——武田家・織田家…戦国武将たちの戦略的互恵関係

武田信玄（一五二一～七三）こそ織田信長の天下布武の前に立ちはだかった最強の敵だと思われている。しかし、当時の信長にとっての信玄は、徳川家康と同様に、ローカルな同盟者の一人に過ぎなかった。

信玄は、嫡男の義信《よしのぶ》（正室は今川義元の娘）を廃嫡にして、四男の勝頼《かつより》（一五四六～八二）に信長の養女を妻に迎え入れさせ、後継者にした。のちに決裂して勝頼と信長は戦うが、天目山《てんもくざん》で武田家が滅びたとき、勝頼とともに果てた嫡男・信勝は信長の孫であった。

北条早雲は今川氏親の叔父であり、今川氏の客分として駿河にやってきて、今川家に援助されて関東に進出した。その同盟関係にひびが入ったのは、氏親の子である今川義元（一五一九～六〇）が、武田信玄の姉を正室に迎えたからだ。

武田と敵対していた北条は、これに怒り、今川氏の領内である富士川の東側の河東地方に侵入し占拠した。しかし、このころ関東では、山内上杉（上杉憲政《のりまさ》）・扇谷上杉氏（上杉朝定《ともさだ》）・古河公方（足利晴氏《はるうじ》）というそれまで対立していた旧勢力が連合を結び、八万

〈今川・武田・北条・織田家系図〉

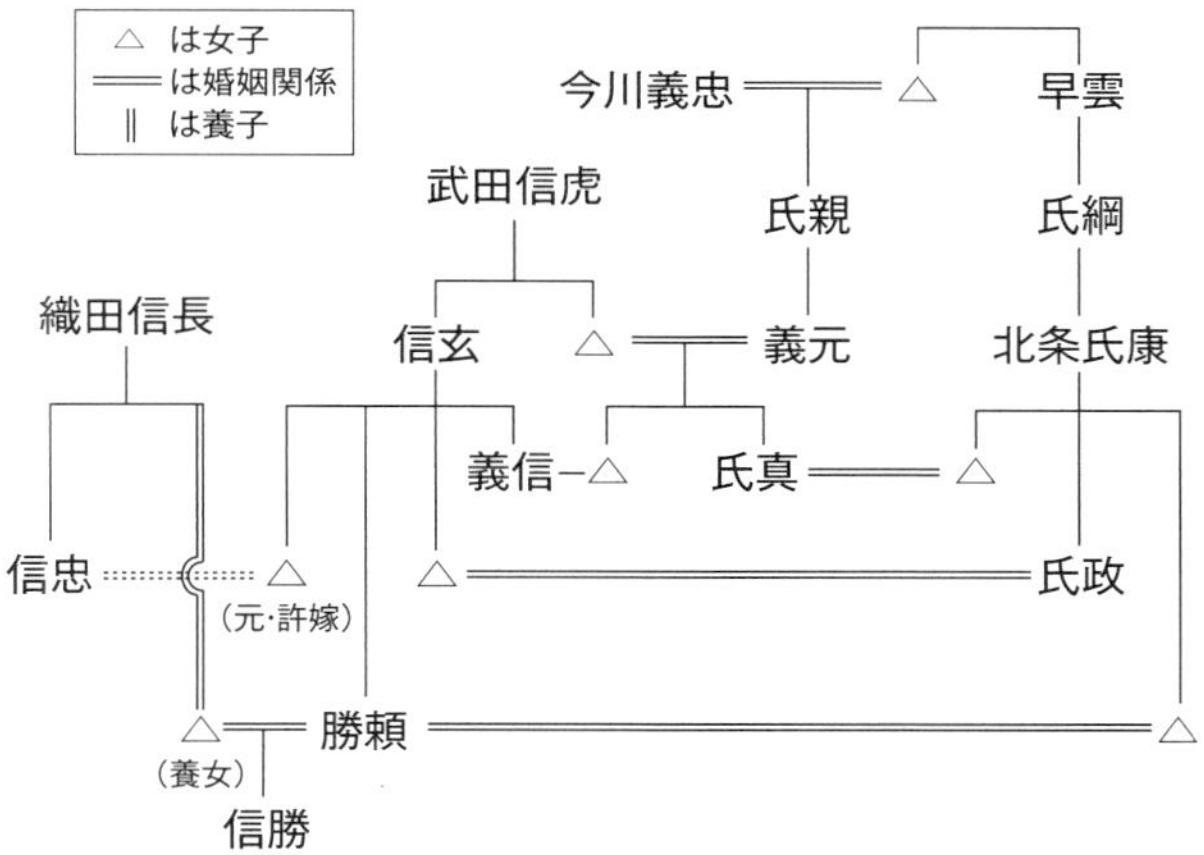

の大軍で北条方の河越城を包囲した。

そこで、一五四五年、武田信玄の斡旋で北条氏康と今川義元は和解し、今川は河東を奪還し、北条氏康は、「河越夜戦《かわごえよいくさ》」で旧勢力連合軍に勝利を収めた。結果、扇谷上杉氏は滅び、山内上杉氏は越後に逃げて長尾景虎《ながおかげとら》（上杉謙信）を養子にして家督を与えた。

これ以降、北条氏は、南関東で、武蔵、下《しも》総《うさ》を固め、さらに、安房《あわ》の里見氏を圧迫し、越後から上杉家の家督を継いだ長尾景虎あらため上杉謙信が三国峠を越えて厩橋《まやばし》（現在の群馬県前橋市）から南下するのに備えた。

そして、武田信玄は真田氏など土豪を支援しながら上野《こうずけ》を窺う一方、越後から信濃を窺う上杉謙信と五次にわたる「川中島の戦い」

を戦った。とくに大規模だったのは第二次と、直接対決で謙信が信玄本陣を襲った第四次だ。

一五五四年には、現在の静岡・富士市にあった善得寺で、武田信玄・北条氏康・今川義元の甲相駿《こうそうすん》三国同盟が成立した。義元は、嫡子・氏真《うじざね》に北条氏康の娘（早川殿）を迎えることとし、今川・武田間では、すでに義元の娘が信玄の嫡男・義信の正室となっていた。

こうして背後の憂いがなくなった今川義元は、満を持して信長の領土である尾張に攻め込んだが、「桶狭間《おけはざま》の戦い」（一五六〇年）で不覚を取った。井伊直虎《いいなおとら》の父・直盛《なおもり》もこのときに戦死した。

これをみた武田信玄は、徐々に今川と距離を取り、一五六五年には、嫡男の義信を今川義元の娘と離縁させて廃嫡し、勝頼に織田信長の養女を妻として娶らせ、これを後継にした。

そして、一五六八年、信玄はついに駿河に侵入して今川家を滅ぼし、一方、信長は足利義昭を奉じて上洛した。信玄が死ぬ五年前のことだ。

しかし、勝頼夫人が亡くなり、武田家と織田家の縁戚が切れたので、こんどは、信長の嫡男である信忠《のぶただ》に信玄の娘を迎える話が浮上した。このあと信玄が、北条か上杉でも攻めていれば、信長と信玄の関係は平穏だったはずだ。

ところが、信玄はさらに、遠江や三河の山間部に支配地域を広げようとして徳川家康と対立した。そして、死の半年前である一五七二年の秋には浜松城の北側に進出したので、家康はこれを阻止しようとして迎え撃ち、信長も家康に援軍を送って「三方ヶ原《みかたがはら》の戦い」が起きた。

この戦いは信玄の全面勝利になったのだが、近江に進出していた朝倉義景《あさくらよしかげ》の軍が、冬の到来を理由に近江から国許の越前に帰国してしまい、信長は余力を持って信玄を迎え撃つ態勢ができた。

そこで、信玄は三河で越冬して朝倉の復帰を待ったのだが、病に倒れ、甲州へ帰る途中の信濃伊那谷の駒場《こまんば》で死んだ（一五七三年）。武田軍団は撤兵せざるを得なくなり、安心した信長は、足利幕府を滅亡させ、浅井・朝倉を滅ぼした。

そのあとの経緯は次項に譲るが、一五八二年になって、木曽義昌《きそよしまさ》の裏切りをきっかけに武田家は崩壊し、織田軍に追い詰められた勝頼と、その嫡男で信長からみれば孫（養女の子）にあたる信勝は、天目山で滝川一益らによって討ち滅ぼされたのである。

◆家康と対立していた長男・信康
――築山殿は本当に直虎の父の従姉妹なのか

徳川家康（一五四三～一六一六）の正妻である築山殿《つきやまどの》（一五四二～七九）を、NHK大河ドラマ「おんな城主　直虎《なおとら》」では、井伊直虎の曽祖父である直平《なおひら》の孫娘として描いている。その真偽を探ってみよう。

築山殿は弘治《こうじ》三年（一五五七）に家康に嫁いでいる。彼女は、今川義元の重臣・関口義広（親永《ちかなが》ともいう）の娘ということになっている。その義広の妻は、一般に、今川義元の妹といわれる。とすれば、築山殿は義元の姪ということにもなるが本当だろうか。

そこで、静岡大学名誉教授・小和田哲男氏が主張しているのが、築山殿の母親が井伊直平の娘という説だ。前掲の大河ドラマもこの説を採用している。直平の娘が今川義元のもとに側室として送られ、のちになって義元の妹として関口義広に下げ渡されたというわけだ。小和田氏らによる『引佐町史《いなさちょう》　上巻』（一九九一年）では、「家康正室築山殿は井伊氏か」と『井伊年譜』（彦根市立図書館所蔵）をもとにして展開されているのである。

確かに、家康に仕えた直政（直虎が後見人）が三河以来の家臣たちを尻目に、あっとい

〈直虎の頃の井伊家系図〉

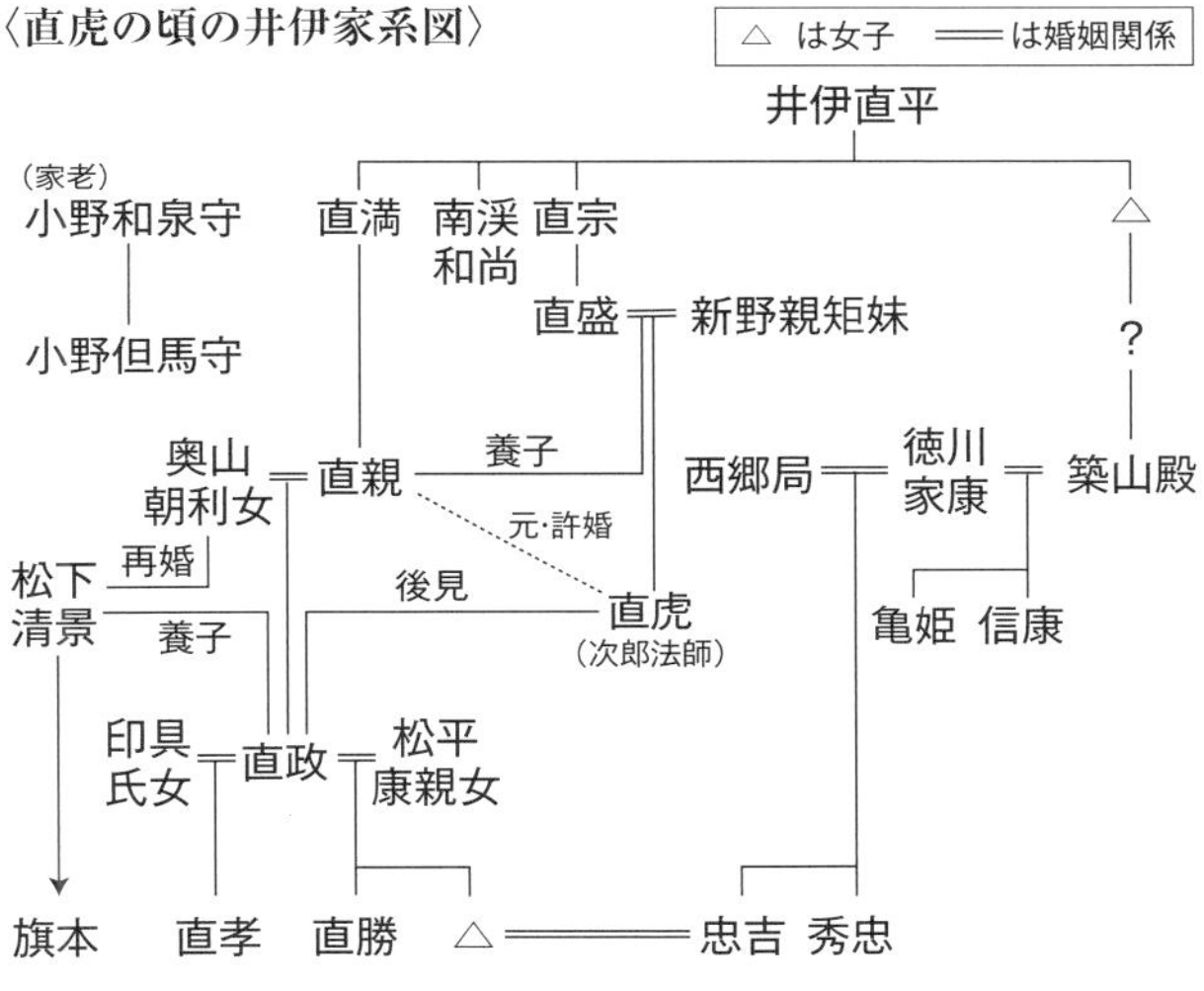

う間に出世して譜代筆頭のようになったのは不思議である。これが果たして、築山殿との縁戚関係のおかげなのだろうか。

しかし、徳川幕府の公式の記録にそんな話はない。

そもそも、今川家の人質として駿府にいた家康はたいへん厚遇されていた。それは、家康が駿府を自分の故郷みたいなところだからといって、のちに隠居所にしたことでもわかる。

若き家康はこの駿府で築山殿と結婚するわけだが、兄弟もいない家康が跡継ぎを早く得ることは、今川家にとっても家康にとっても願ってもないことだった。その狙いは当たって、年上の築山殿との間に、信康、亀姫と二人の子もできた。

しかし、桶狭間で今川義元が織田信長に討たれたあと、家康は岡崎城に留まり、やがて今川より織田を同盟相手に選んだ。そして、家康は、今川一族の者を人質にとって、駿府にいた築山殿と二人の子を交換することに成功した。

これに怒った今川氏真は、築山殿の両親の関口義広夫妻を自害に追い込んだ。築山殿が家康を、自分の両親を死に追い込んだ卑劣漢と恨むのも無理はない。子の信康も、可愛がってくれた祖父母への愛着もあって同じ感情をもっていたと考えられる。

信康は、粗暴だが、武勇に優れ、策謀家でケチな家康よりも家臣に広く人気があった。しかし、酒井忠次《ただつぐ》や榊原康政《さかきばらやすまさ》といった家康の老臣とは対立していた。

そして、虎松（直政）が家康に仕えて四年ののち、浜松を居城としていた家康から、岡崎城にあった家康の正室・築山殿と嫡男・信康が、武田との間で、家康排除と信長との同盟解消をねらっての内通の疑いをかけられた。そこで、家康は酒井忠次に命じて、安土の信長の元へ向かわせるが、安土に行った酒井忠次は、築山殿らがいる岡崎を素通りして浜松の家康のもとに向かった。

そして、家康は家臣たちに信康との音信を禁止し、信康に切腹を命じる。築山殿も浜松に移される途中で斬殺された。

かつては、信長の命令に従って家康が泣く泣く無実の信康を除いたといわれたが、信長と家康には、たしかに深刻な対立があったことがわかっている。信長の娘婿でもある信康を処断するに当たって、家康が信長の了解を求めたと見るほうが自然だ。だからこそ、信長は酒井忠次に「家康に処分を任す」といったのである。

ただし、家康が信長に、信康から岡崎城を取り上げるなどの処分を相談したところ、かつて弟・信行に謀反され、母親の頼みで許したら再び背かれたために、だまし討ちで信行を殺した苦い経験がある信長が、処断するなら殺さないといつかまた裏切られるかもしれないとアドバイスした可能性はある。

のちに家康は信康を失ったことを悔いているが、それは、不仲の妻や息子との中途半端な距離感が、結局、自ら妻や息子を処断せざるを得ないような事態を招いたことを悔いていたのであって、措置そのものを後悔した節はない。

もし家康が、信長の命令でしぶしぶ築山殿と信康を処断したのなら、築山殿の縁者であった直政を罪滅ぼしの思いで厚遇したとしてもおかしくないが、この可能性は低い。したがって、直虎と築山殿が近い親戚、という説は説得力に乏しい。

◆鍋島と龍造寺の因縁「佐賀の化け猫」騒動の真相

――お家乗っ取り後、変則的な関係が解消された縁組み

講談や歌舞伎の有名な題材に「佐賀の化け猫」というのがある。演《だ》し物ごとに細かい筋書きは違うが、ストーリーの骨子は次のようなものだ。鍋島《なべしま》氏に滅ぼされた龍造寺《りゅうぞうじ》氏の呪いで、龍造寺氏ゆかりの者の死体から流れる血を舐めた黒猫が、鍋島の殿様の愛妾を食い殺す。そして、その愛妾に化けて殿様を苦しめるが、行灯《あんどん》の明かりで障子に映る化け猫の影から正体を見破られ、殺される。

龍造寺氏は戦国大名として北九州の雄だったが、家老だった鍋島氏にお家を乗っ取られた（一五九〇年）。それはよくある話だが、その変則的な関係が解消されたのが、異例なことに「関ヶ原の戦い」のあとであり、江戸時代に入ってからも龍造寺一族は鍋島の殿様の一族として処遇されてきたのである。

佐賀市内に曹洞宗高伝寺というお寺がある。鍋島家の菩提寺だったが、一八七一年に、最後の藩主鍋島直大《なおひろ》（一八四六～一九二一）が、散在していた鍋島家と龍造寺家の墓をここに集めた。墓地の西側に鍋島家、東側に龍造寺家の墓碑・献灯が並んでいる。

〈少弐・龍造寺・鍋島家系図〉

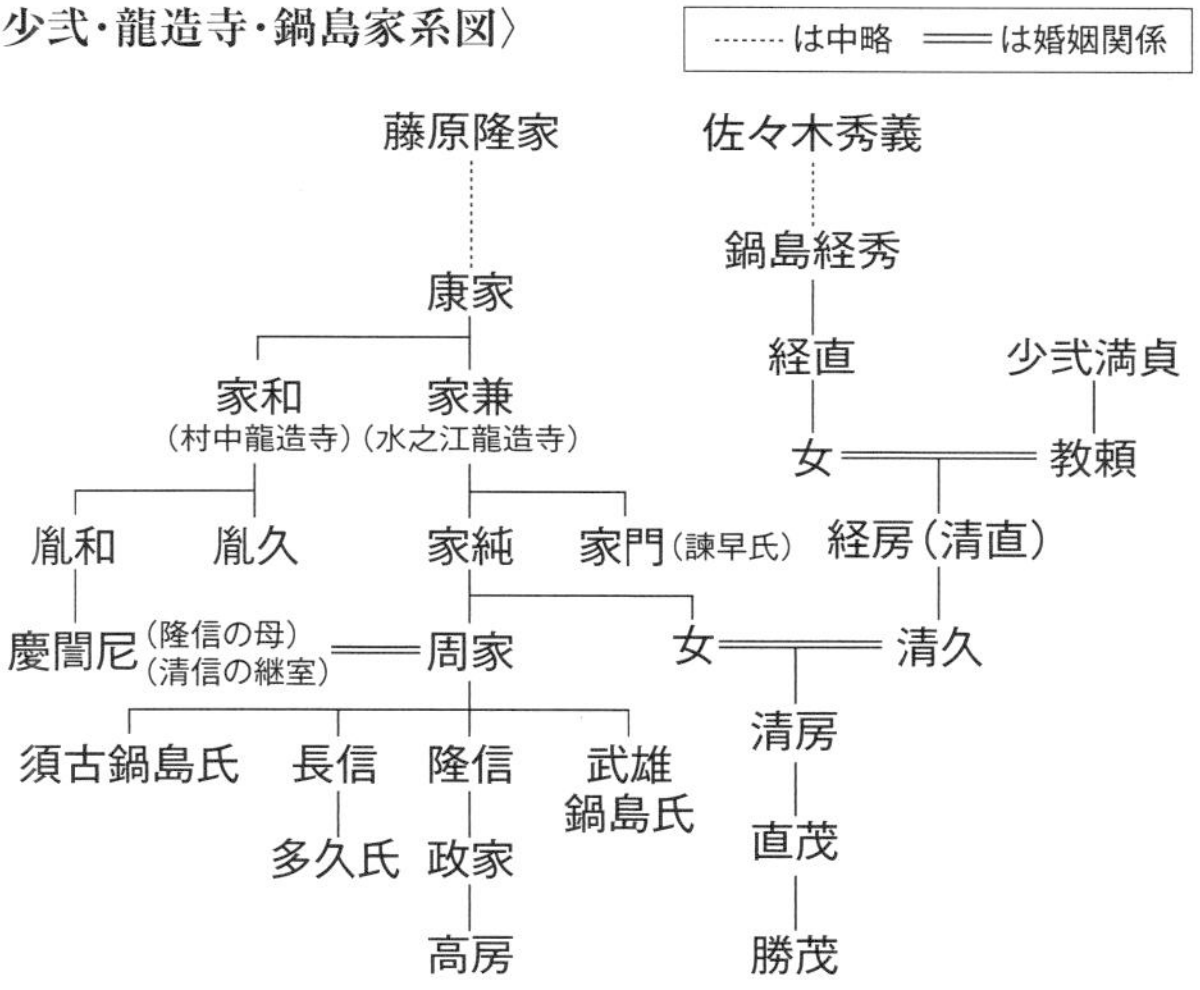

佐賀藩主としての鍋島家の正統性は、あくまでも、龍造寺家を継承したことにあるのだという姿勢を可視的に示しているのが興味深い。幕府が編纂した各大名家の公式系図集である『寛政重修諸家譜《かんせいちょうしゅうしょかふ》』では、藩祖・直茂《なおしげ》（一五三八〜一六一八）以前の鍋島氏の先祖は掲載されておらず、龍造寺氏の先祖につなげている。

龍造寺氏は藤原氏系の高木氏の分かれだ。肥前の名族のひとつである高木氏は、藤原道長の甥で「刀伊《とい》の入寇《にゅうこう》」（一〇一九年。女真族が対馬などを襲った事件）を撃退するのに功があった大宰権帥《だざいのごんのそち》・藤原隆家《たかいえ》を祖とする。鎌倉幕府成立後、高木季家が肥前国佐賀郡龍造寺の地頭となり、その地名から龍造寺氏を名乗ったとされる。

一五三五年、龍造寺家兼は、主君の少弐《しように》氏を裏切って自害させるが、逆に少弐氏の重臣たちに龍造寺一族が殺害され、衰退する。それをのちに再興したのが龍造寺隆信《たかのぶ》（一五二九～八四）だった。

隆信は本家筋にあたる村中龍造寺家の胤栄《たねみつ》未亡人と結婚し、本家の家督も継承し、大内義隆とも結び、その名の一字をもらって隆信と名乗り、東肥前を統一した。

この勢力増進を見て不安になった西肥前の有馬氏や大村氏、それに少弐氏の残党や大友氏が侵攻してきたが、家臣の鍋島直茂《なおしげ》が大友氏の本陣である今山《いまやま》に夜襲をかけ大将の大友親貞《ちかさだ》を討ちとった。「今山の戦い」（一五七〇年）である。

一五八四年、島原半島にあった有馬晴信が龍造寺氏から離反したので、隆信は島原半島に侵攻したが、「沖田畷《おきたなわて》の戦い」で島津四兄弟の一人である島津家久に敗れ、五六歳にして泥田のなかで討ち死にした。肥満で動けなかったという。以後、鍋島直茂は、隆信の嫡男・龍造寺政家《まさいえ》を補佐することとなった。

鍋島家の先祖は、鎌倉時代の近江源氏・佐々木清綱で、山城にあったが、子孫が肥前に下向して佐賀郡鍋島村に土着したとされている。鍋島氏の祖は鍋島経房《つねふさ》（清直《きよなお》）で、子の代から龍造寺氏に仕えた。経房の曽孫が直茂である。

龍造寺隆信の母・慶誾尼《けいぎんに》は、直茂の資質を見抜き、これに我が子隆信を助けさせたいと願い、自らが直茂の父である鍋島清房と再婚し、隆信と直茂を兄弟の関係にしたのである。豊臣秀吉は、隆信の死後、その嫡男の龍造寺政家に旧領を安堵したが、三年にして隠居を命じ、朝鮮出兵では鍋島直茂に家臣団を率いさせた。

龍造寺政家の四男・高房《たかふさ》は五歳のときに幼主となったが、すでに実権は鍋島家に握られていた。高房は、「関ヶ原の戦い」のあと江戸で徳川幕府の人質の身だったが、鍋島直茂の子・勝茂を江戸で成敗しようとしたが叶わず、自害した。こうして、鍋島家が藩主として正式に認められた。

一六三四年になって、高房の庶子である龍造寺季明《すえあき》（伯庵《はくあん》）が、幕府に龍造寺家再興を訴えたが却下され、結局、一六四四年に山形藩主だった保科正之に預けられ、子孫は会津藩士となった。

しかし、龍造寺一族のうち、諫早《いさはや》、多久《たく》、武雄《たけお》、須古《すこ》の四家は鍋島氏と同格とされ、一万石以上の家老として存続した。そのうち、多久家は美智子皇后の母方実家副島家の主君である。

◆上杉謙信が継いだ関東管領の複雑な系図
――悲願の関東制覇は果たせなかったが

室町時代の越後では、関東管領《かんれい》だった山内上杉家の分家である越後上杉家が守護だったが、守護代の長尾氏に追われてしまっていた。ところが、「河越夜戦」（六五ページ参照）で北条氏に敗れて上野を追われた山内上杉家の権勢は、その長尾家の輝虎《てるとら》を養子として名跡を譲り、関東回復を託したのである。これが上杉謙信《けんしん》（一五三〇～七八）である。

上杉氏は公家の勧修寺《かじゅうじ》家の分かれで、足利尊氏の母の実家だったので、室町幕府の重鎮となった。

上杉謙信にとって生涯最良の日は、一五六一年に鎌倉鶴岡八幡宮で関東管領への就任を宣言したときであろう。これに先だって、上杉勢は小田原城を包囲し、あわや落城というところまで追いつめていたのである。長期戦に耐えられなくなった上杉軍は、引き揚げざるを得なくなったのだが、とりあえず、自分が形式的には関東武士の筆頭であることを宣言したわけだ。

足利時代にあっても、鎌倉は東国の首都で、足利尊氏の子の基氏の子孫が鎌倉公方とな

〈上杉・長尾家系図〉

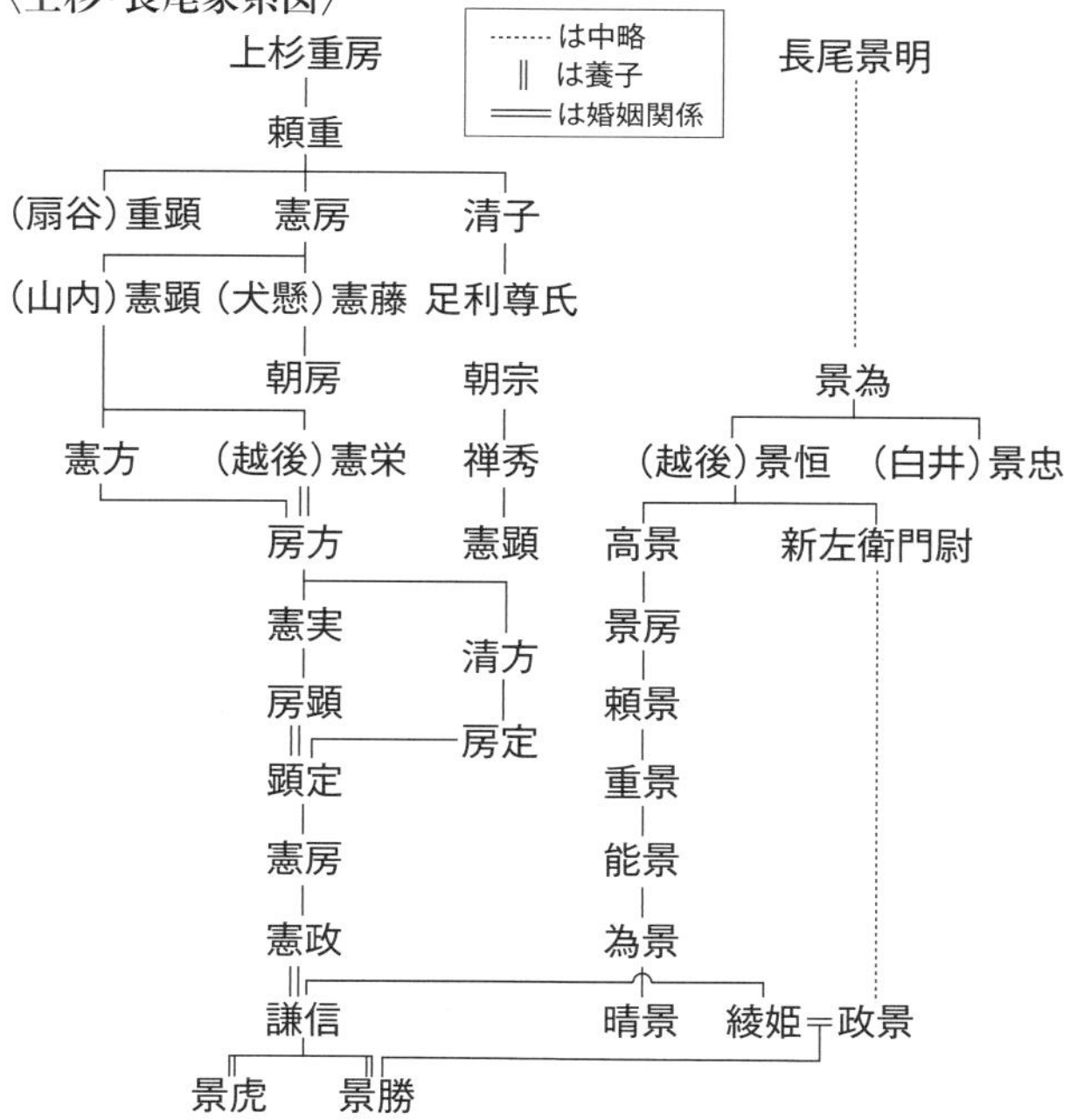

り、尊氏の母親の実家である上杉家が関東管領としてこれを補佐した。ところが、京都からの独立を策した鎌倉公方と、幕府のお目付役としてこれに反対する上杉家が対立していたのである。

上杉家は、藤原系の観修寺重房が、宗尊親王が鎌倉に下って将軍となったときに行動をともにした。丹波国上杉荘（現在の京都府綾部市）をもらったのが起こりである。長尾家は桓武平氏の流れで、相模国長尾荘にあったので長尾氏を名乗った。上杉憲顕《のりあき》（初代関東管領）が越後守護になったときに随行し、以降、上杉家支流の越後守護家に仕えて越後に定住していた。

上杉家は山内、扇谷《おうぎがやつ》の二家に分かれていた。山内家は上野《こうずけ》を、扇谷家は相模を基盤とし、扇谷家の家老として武蔵を中心に活躍したのが太田道灌だ。

上杉家をついだ謙信は関東に進出を図るが、宿敵の北条氏との戦は一進一退で決着がつかず、厩橋《まやばし》を拠点に北条氏とにらみ合っていた。そうしたなかで、一五七八年、越後国で上杉謙信が死去する。上洛を準備中だったともいう。

謙信には子がなく、甥（妹の子）である景勝と、北条氏康の子の景虎という二人の養子を取っていたが、謙信の死後、二人の間で後継者争いが起こる（御館《おたて》の乱）。謙信自身はどちらを跡目に考えていたか不明だが、景虎という見方のほうが有力だ。しかし、景勝は参謀の直江兼続《なおえかねつぐ》らの助力で有利に事を進め、敵対する武田勝頼に上野を譲ることと勝頼の妹の菊姫を景勝の正室とすることを条件に同盟が成立して優位が確立し、この乱を制した。

上杉景勝は関東への野心は半ば捨て、越中や庄内地方、佐渡への勢力拡大を図った。景勝は織田信長の敵である武田と組んだので、信長と敵対することになり、越中では柴田勝家に押されて劣勢となったが、このときに、「本能寺の変」が起きて柴田軍が大混乱に陥り、事なきを得た。

しかも、豊臣秀吉と柴田勝家の対立のお陰で、上杉氏は秀吉と同盟することに成功した。このときに、石田三成と直江兼続が双方の窓口として活躍したのである。

そして、小早川隆景の死後には景勝が五大老の一人となった。さらに、蒲生氏郷が死んで東北で伊達政宗に対抗できる武将がいなくなったことから、上杉が越後を差し出す代わりに、秀吉から会津など福島県の大半と米沢周辺の置賜《おきたま》地方を与えられ、庄内地方、それに佐渡と合わせて一二〇万石を領する大大名になった。

一六〇〇年の関ヶ原の戦いは、毛利と上杉がいわゆる「二・三位連合」を作って徳川と対抗したものだった。毛利と上杉がいずれも相手頼みで、様子見をして戦力を温存したために西軍が敗れた。

もし西軍が勝利していたら、上杉は関東を制していただろうが、西軍が負けたので山形の最上氏とにらみ合っていた上杉軍は引き揚げ、あとは、直江兼続が米沢と福島周辺三〇万石で家康と話をまとめた。

景勝の正室の菊姫はこのころ伏見にあったが、一六〇四年に死去した。その弟の武田信《のぶ》清《きよ》は、上杉家の高家筆頭という客分格で待遇され、家内最上席を与えられて存続した。

◆伊達・佐竹・最上・蘆名の複雑に入り組んだ関係
――伊達政宗が群雄割拠の東北で抜きん出た秘密

これまで五六作を数えるNHK大河ドラマの歴史において視聴率が最高だったのは、「独眼竜政宗《どくがんりゅうまさむね》」だった。渡辺謙が伊達政宗《だてまさむね》（一五六七～一六三六）を演じたものだったが、もっとメジャーな戦国武将や坂本龍馬など維新の志士を主人公に据えたものを押さえての結果だった。快挙の理由は、伊達政宗ほど肉親、とくに両親との関係が「小説より奇なり」というべき人物はいないからだろう。

その背景には、常陸の佐竹氏、山形の最上《もがみ》氏、そして会津の蘆名《あしな》氏との複雑にからみあった姻戚関係があった。

政宗が、ドライに周辺の大名から領地をかすめ取っていたころ、二本松城主・畠山義継《はたけやまよしつぐ》は、隠居の政宗の父・輝宗に仲介を頼んで政宗からいったん取られた領地を返してもらった。ところが、そのお礼に輝宗のもとにやって来た際に、義継はなんと、輝宗を拉致して二本松城へ連れ去ろうとした。

さっそく追いかけてきた政宗に対し、輝宗は、「わしはどうなってもいいから義継を討

〈伊達・佐竹家系図〉

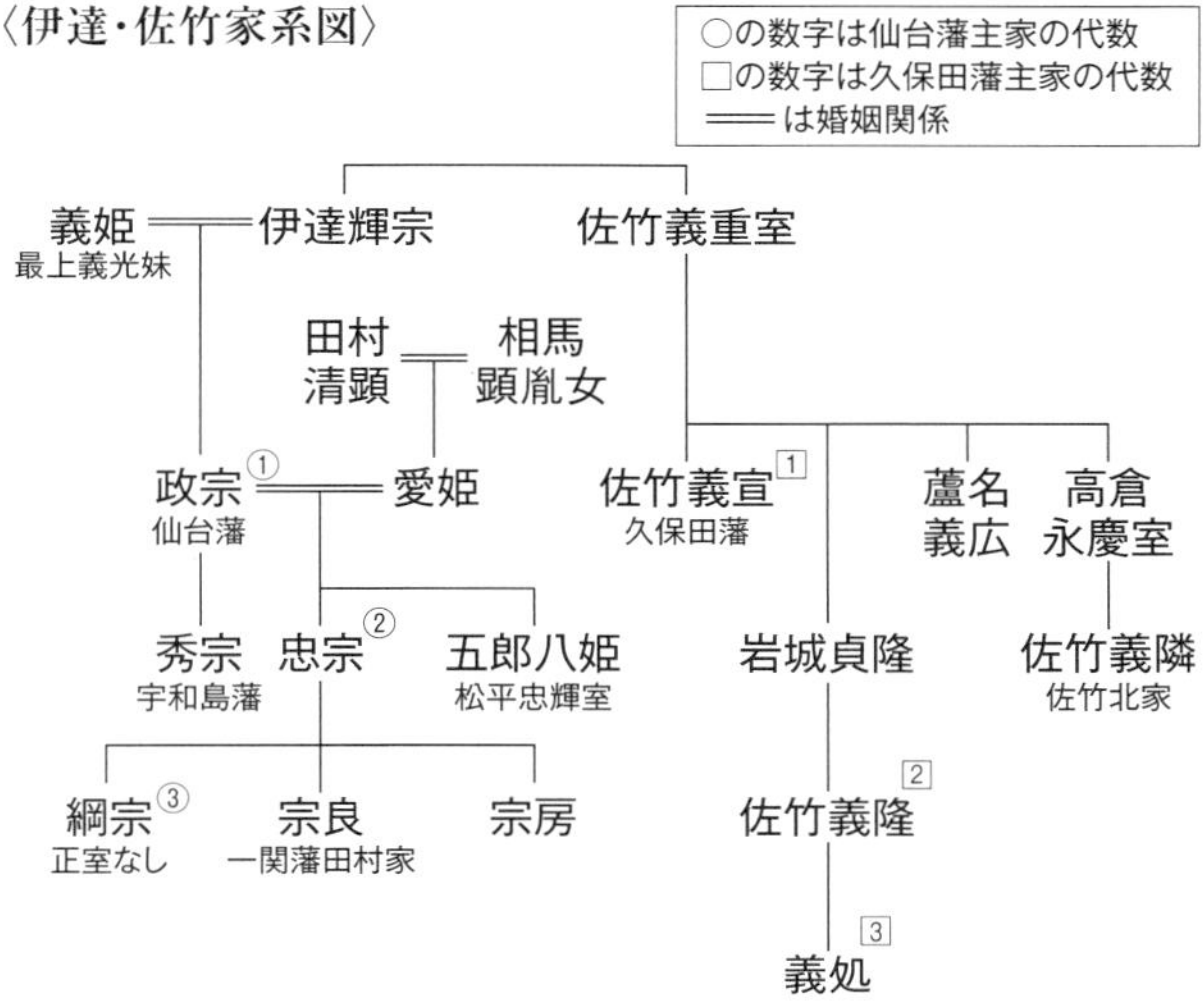

て」と命じた。そこで、政宗は義継に撃ちかけたところ父も一緒に殺してしまった（一五八五年）。これを、母である義姫《よしひめ》（保春院）は怒った。

一五九〇年、豊臣秀吉は天下統一を目前に、現状凍結を求める「惣無事令《そうぶじれい》」を出していたのに、政宗は会津の蘆名氏を滅ぼした。そうしておいて、小田原の秀吉のもとに参陣しようとして、母・義姫のところに挨拶に行ったところ、母に危うく毒殺されかかった。政宗では御家存続が危ういので弟の小次郎を立てようという動きに母の義姫は乗ったのだ。命拾いをした政宗は母を成敗するわけにはいかないので、無実の小次郎を殺した。

義姫は山形城主・最上義光《よしあき》の妹である。義姫は、伊達軍が実家の最上氏やその本家筋に当たる大崎氏を攻撃したときには、戦場に輿で乗り込んで停戦を懇願した。また、政宗が朝鮮出兵で名護屋から渡海したときは、「あきかぜの　たつ唐舟に　帆をあげて　君かえりこん　日のもとの空」という和歌を政宗に送って感激させた。しかし、突如、出奔して山形の兄のもとに帰ってしまった。

「関ヶ原の戦い」では、義姫は、西軍の直江兼続らに兄の最上義光が攻撃されたので、東軍の政宗に援軍を要請したが、政宗は小兵力を派遣して上杉軍を牽制しただけだった。だが、一六二二年に最上氏が改易されると、義姫はほかに行き場もなく、結局、また仙台の政宗のもとに引き取られて余生を送った。

室町時代の陸奥国には守護は置かれなかった。そのかわりに、足利氏の一族である斯波氏の分家が送り込まれて大崎氏と名乗り、「朔《さく》の上さま（最上位の方）」などと呼ばれた。しかし、伊達氏が陸奥国守護を名乗ったり、蘆名氏も会津（会津は郡名）守護と称することは認められた。

そして、伊達、蘆名、岩城、それに出羽の最上氏や常陸の佐竹氏は、それぞれ互いに縁組みを繰り返し、それをもとに、独特の共存関係を打ち出した。

蘆名氏は福島県の黒川（若松。現在の会津若松市）を本拠としていた。一六代当主・蘆名盛氏《もりうじ》のときに、嫡男が若死にすると、伊達家出身の未亡人を須賀川《すかがわ》の二階堂氏の子に娶《めと》らせてあとを託したのだが、内紛で家内を治められなかった。そこで、佐竹氏から養子・義広《よしひろ》を入れたが、米沢城主だった伊達政宗はこれを不満として、会津を攻め、一五八九年、「摺上原《すりあげはら》の戦い」で勝利して黒川城を制圧した。

蘆名義広は佐竹家に戻って遇され、佐竹氏とともに出羽の角館《かくのだて》に移り、そこで蘆名氏は断絶した。岩城氏も佐竹氏とともに秋田県に移ったが、こちらは、亀田藩主として生き延びた。

政宗の正室は、大河ドラマ「独眼竜政宗」で後藤久美子の美少女ぶりが話題になった愛《めご》姫《ひめ》である。伊達家はその子の忠宗が継ぎ、愛姫の実家である福島県の三春《みはる》の田村家は孫の宗良《むねよし》によって名跡が残され、岩手県の一関藩主となった。

政宗の庶長子（側室生まれの長子）である秀宗は、一六一四年の「大坂冬の陣」ののち、徳川家康から宇和島一〇万石をもらい、東北に帰ることなく家臣とともに四国に移った。このために、宇和島地方には、東北起源の祭りや名字が多い。

◆名門・土佐一条家と長宗我部家の栄枯盛衰
――大友・一条・山内の西瀬戸同盟のゆくえ

平成の市町村合併で「四万十市《しまんと》」と改称したのが、土佐の小京都といわれた中村市だ。土佐の一条家は、五摂家の一条家の遠縁ではなく、れっきとした左大臣関白が、自領の荘園があったこの地に移り、晩年に生まれた忘れ形見が土着化したのが始まりである。

やがて、長宗我部氏に押されてその客分のようになってしまったが、それまで、周防（山口県東半部）の大内氏や豊後の大友氏と縁組みして西瀬戸同盟のようなものを結成したが、そのなかでも群を抜いた名門として君臨した。

関白太政大臣もつとめた一条兼良《かねよし》（一四〇二〜八一）は、「応仁の乱」を避けて南都興福寺（奈良市）に移った。このとき、嫡男の教房《のりふさ》は自領の荘園があった土佐国幡多《はた》郡へ移って対明貿易などをはじめ、地元の人たちにたいへん慕われたらしい。この教房が土佐一条家の祖とされる。

教房のあと京都の一条家は弟の冬良《ふゆよし》が継いだが、教房は五三歳のときに土佐で男子をもうけた。教房はこの子を仏門に入れるよう遺言したが、国人たちの希望もあり、一四九四

〈土佐一条家・長宗我部家系図〉

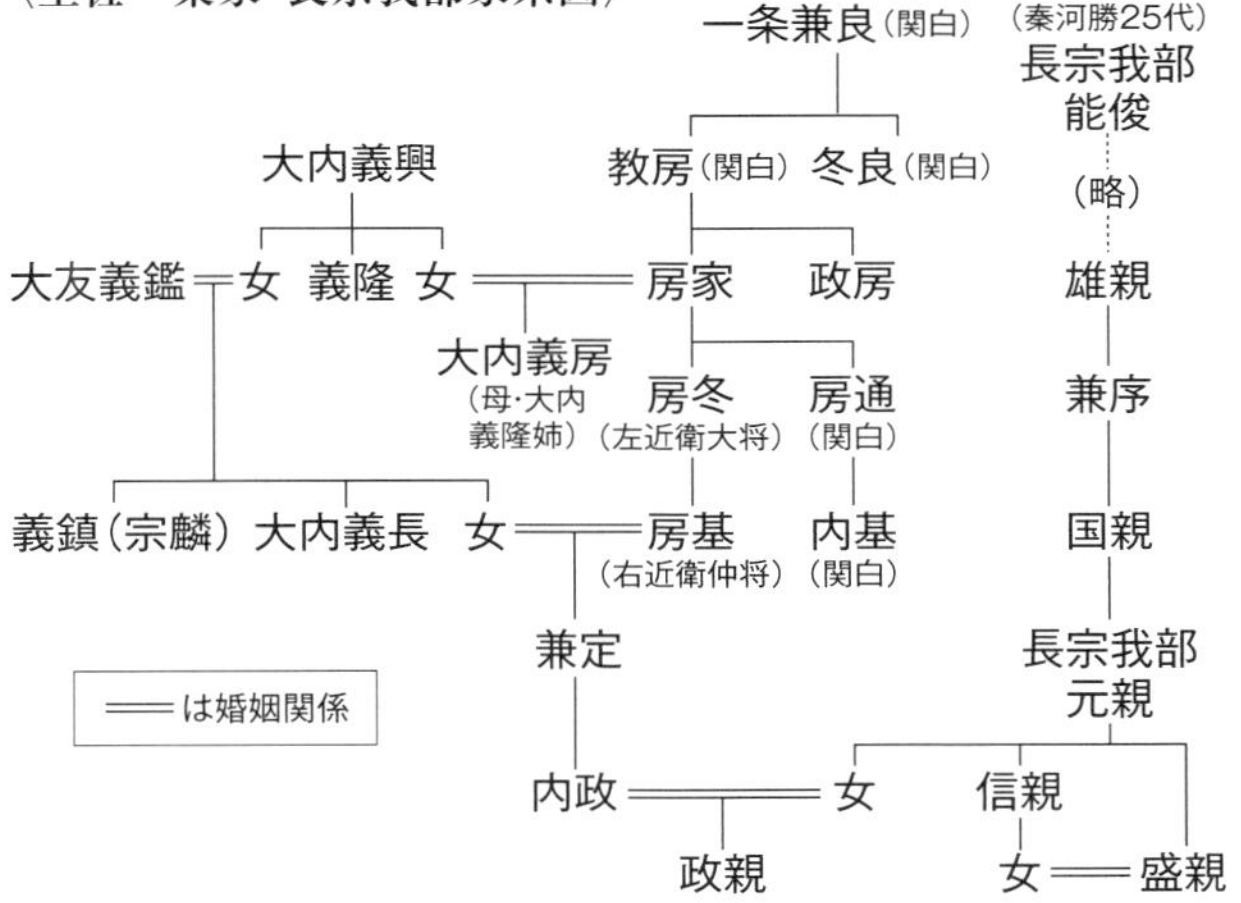

年に元服して房家《ふさいえ》と名乗り、左近衛少将《さこんえのしょうしょう》に叙任された。

しかも、房家の子の房通《ふさみち》が一五一六年に京都の一条家を継ぐことになったので、房家は房通を連れて京都へ上り、自らも権大納言となった。このとき、房家の裕福さは貧乏暮らしを強いられてきた公家たちの羨望の的だったという。

室町時代の土佐の守護は、細川本流の京《けい》兆《ちょう》家で、一族を守護代として派遣してきた。ところが、中央での混乱のために土佐の統治に十分に力を注げなくなり、国人たちの群雄割拠になったが、一条氏はそのまとめ役になった。のちに土佐を統一した戦国大名に成長する長宗我部氏も一条氏に庇護されていたことがある。

そののち、一条氏は豊後（現在の大分県）の大友氏と結んで伊予南部の宇和郡の西園寺氏などを攻めたが、国内では長宗我部氏が優勢となった。

当時の当主の一条兼定《かねさだ》は暗愚だったので家来たちに追放され、それを継いだ兼定の子の内政《ただまさ》は長宗我部氏の居城に引き取られた（一五七四年）。兼定は岳父の大友宗麟《そうりん》（一五三〇〜八七）を頼り、キリシタンに改宗し、復帰を狙って兵を挙げたが、望みをかなえることはできなかった。一方、内政は長宗我部元親《もとちか》の婿となり、それなりに遇されたが、内紛に関与して追放された。その子の政親《まさちか》は「関ヶ原の戦い」ののち畿内に移ったらしいが、詳しい消息は不明である。

いずれにせよ、長宗我部氏にとっても、貴種である一条氏を身内に抱えることの利点は多かったらしく、北条氏が最後まで足利氏の子孫である古河公方を温存したのと同じように大事に扱われていたようだ。

この土佐一条氏が、豊後の大友氏や周防の大内氏と縁組みしたことはすでに紹介した。一条氏三代目で房家の嫡男・房冬《ふさふゆ》の正室は伏見宮家出身だが、側室に大内義隆の姉がなり、その子の義房が大内義隆の養子になったという（異説有り）。

守護大名の大内家の娘が側室とは奇異にみえるが、房冬は正二位・左近衛大将なのであるから格が違ったのだ。

大内義隆の甥で、その養子となった義房だが、尼子氏との戦いの帰路、溺死してしまった。そこで、やはり義隆の甥である大友宗麟の弟の義長を大内家の後継者にと考えて、養子関係を結んだが、翌年、義隆に実子・義尊《よしたか》が生まれた（一五四五年）。その結果、義長との養子関係は解消された。

そして、一五五一年、義隆の家臣の陶晴賢が謀反を起こし、義隆・義尊親子を殺害する。翌年、陶晴賢は、義長を擁立して大内氏の実権を握った。これは、陶晴賢と大友氏が共謀してのものだったか、あるいは、大友氏の支持を期待して義長を大内氏の当主にしたとみるべきだろう。

だが、大友氏の影響が強すぎることを中国地方の武士たちは嫌ったし、伊予でも同じ事情だった。それが、三年後に毛利元就が伊予水軍の支援を受けて「厳島の戦い」で陶晴賢に勝利を得る伏線となっていく。「厳島の戦い」の陶晴賢の敗戦と自害によって義長も追い詰められたが、それでも二年もの間、大内氏は抵抗を続けた。だが、最後は長府の長福寺（功山寺《こうざんじ》）で滅びた。そののち、大友氏のもとにあった大内氏一族の大内輝広の復帰運動も失敗し、大内氏は完全に滅亡した。

大内氏の家督は形式上、大友宗麟が引き継ぎ、織田信長は防長（周防と長門）二国を大友宗麟に与えることを約束したが、「本能寺の変」によって空手形になった。

第四章　徳川三百年の天下の礎を築いた子だくさん

――松平・徳川の天下取りを支えた力の源泉

徳川の天下を決定的にした関ヶ原の古戦場跡。系図を解きほぐすと見えてくる江戸幕府の舞台裏とは？

◆徳川家康・築山殿の子供たちのその後

――あまり優遇されなかった長男・信康の娘たち

築山殿と徳川信康の死は、織田信長に命じられて、泣く泣く徳川家康が妻と我が子を殺したというわけでもなさそうだというのは、すでに紹介したとおりだ（六八ページ参照）。いずれにしろ、武田方と内通の疑いをかけられた築山殿と信康の名誉回復は行われていないのだが、彼らの子孫は優遇されたとはいえないものの、そこそこ栄えた。

信康には一歳下の亀姫《かめひめ》（家康の長女）という妹がいた。この妹は、福沢諭吉が仕えた中津藩奥平《おくだいら》家の藩祖である奥平信昌《のぶまさ》に嫁している。織田・徳川連合軍と武田軍が戦った「長篠の戦い」（一五七五年）は、信長の鉄砲隊で有名だが、このとき信長方で長篠城に籠城していたのが奥平信昌である。

三河東北部の土豪だった奥平氏は、武田と徳川の間で揺れていたが、秘されていた武田信玄の死を察知し、徳川方に寝返ることにした。このとき、信昌は妻と弟を武田に人質に出していたが、これを見捨てたのである。

この決断に報いるために、家康は長女の亀姫を与えることにしたのだが、これに、亀姫

〈徳川家康の子孫〉

══は婚姻関係

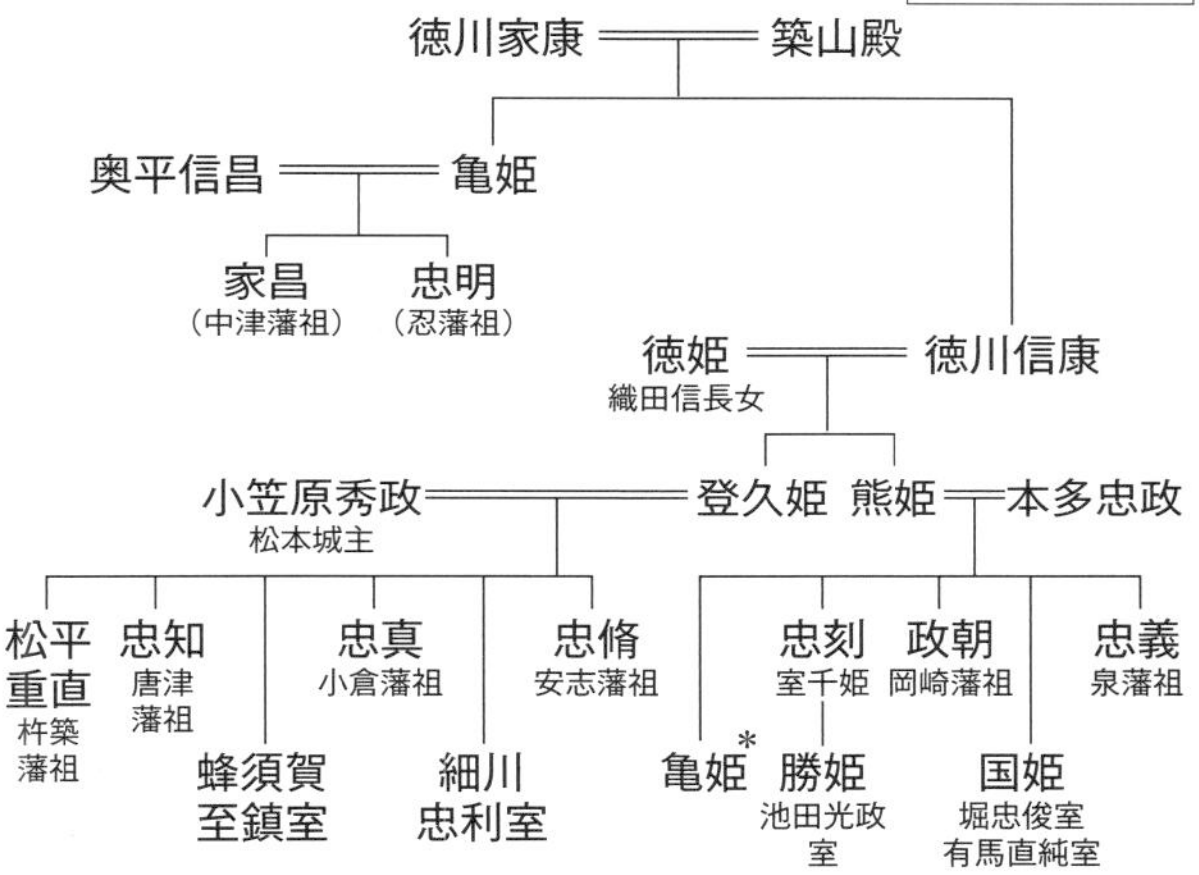

＊初婚は小笠原忠脩、その死後、弟の忠真と再婚

の兄の信康は猛反対した。可愛い妹の夫とするにはいかにも信用できそうもなかったのは当然である。最後は、信康も同意したのだが、この争いが信康と家康の父子対立の引き金になった。

信昌は「関ヶ原の戦い」のあと、加納一〇万石の城主となったが、嫡出の長女の婿にしてはもうひとつの扱いで、家康の亀姫への愛情がどれほどのものかと疑問をもつ。亀姫は兄に似てかなり激しい女性だったらしく、家康としても煙たかったのだろうか。

信昌の嫡男・奥平家昌は、宇都宮で一〇万石を得た。そして、その子の忠昌のときに、いったん下総古河に転封され、代わりに本多正信の長男・正純が入ったが、正純は宇都宮城に吊り天井をしかけて二代将軍・秀忠を殺そうとした嫌疑を受けて失脚し、奥平氏が復帰した。この密告の主が亀姫だともいわれる。

信昌の三男・松平忠明はできがよかったようで、家康の養子となり松平を名乗り、「大坂夏の陣」のあと大坂城主として入り、戦後処理に当たった。子孫は各地を転々としたのち、埼玉県の忍《おし》城主として幕末を迎えた。

徳川信康と織田信長の娘である徳姫《とくひめ》には二人の娘がいた。その一人、登久姫《とくひめ》は小笠原秀政と結婚した。古河、飯田、松本と転じ、順調に加増・移封されたが、秀政と嫡子の忠脩《ただなが》は「大坂夏の陣」で戦死、次男の忠真《ただざね》が明石で一〇万石を得た。その後、細川家の肥後移封のあと、豊前・豊後方面に領地を得た。つまり、小笠原忠真が小倉で一五万石、忠脩の子の長次が中津、秀政の三男忠知が豊後杵築《きつき》である。

このうち、中津藩は途中で減封されて播磨の安志《あんじ》（兵庫県）一万石になったが、杵築藩は吉田、岩槻、掛川、棚倉を経て幕末に唐津六万石に移った。秀政の娘たちは蜂須賀至鎮《はちすかよししげ》（徳島藩初代藩主）と細川忠利（小倉藩二代藩主）の正室となり錚々たる子孫を残している。

信康と徳姫の次女の熊姫は、本多忠勝の嫡男である桑名城主・忠政と結婚した。この二人の嫡男が本多忠刻《ただとき》で、千姫（徳川秀忠とお江《ごう》との間の子。豊臣秀頼の正室）が再婚した相手として有名だ。この結婚を受けて、本多氏は姫路城主となり、勝姫と幸千代をもうけたが、幸千代は三歳で夭折した。忠刻は三一歳にして死去し、千姫は娘の勝姫とともに江戸城に入り、出家して天樹院と呼ばれるようになった。勝姫はのちに姫路から鳥取を経て岡山に移っていた名君・池田光政の奥方となり多くの子に恵まれた。

豊臣秀吉の側室の茶々（浅井三姉妹の一人）が、豊臣家から天下をかすめ取った家康の孫娘だとして千姫をいじめたのではないかという人もいるが、豊臣家の大坂方からすれば、千姫にぜひとも秀頼の子供を産んでほしかったはずだ。そうなれば、豊臣と徳川はひとつのファミリーのようなもので、さまざまな知恵が出てくるはずだったのだから、大事な嫁に意地悪などする理由はないのである。

姫ばかり産んでいたお江が家光を産んだとき、お江の姉の茶々は非常に喜んだと伝えられるなど、三姉妹の絆はやはり強かった。

熊姫が嫁いだ本多家は忠刻の弟たちが跡を継ぎ、幕末には、三河岡崎、播磨山崎、陸奥泉の藩主だった。また、熊姫の娘たちは、有馬直純《ありまなおずみ》（日向延岡城主。子孫は越前丸岡藩主）と従兄弟の小笠原忠脩《おがさわらただなが》（戦死後は弟の忠真《ただざね》と再婚）に嫁いだ。

◆弟・秀忠が兄・秀康を押しのけて将軍となった事情
——結城家の祭祀は前橋藩が守る

結城秀康《ゆうきひでやす》（一五七四〜一六〇七）とは、徳川家康の次男であるが、長男（嫡男）の信康が失脚したのちも嫡男として認められることはなかった。「小牧長久手《こまきながくて》の戦い」ののちには豊臣秀吉の養子に、ついで、「小田原攻め」のあとには、関東の名族である結城氏の養子となった。

しかし、のちに秀康は松平氏に復姓しているが、結城氏はどうなったのかといえば、実は、越前松平家分家の前橋藩・松平大和守家が祭祀を継承していたのである。

「関ヶ原の戦い」のあと、秀康は越前福井藩の初代藩主として六七万石の大大名となったが、その四年後に死去した。原因は梅毒ともいう。弟の秀忠に徳川家の惣領の地位を奪われた秀康にとって、「自分は秀吉の養子であり、秀頼の兄である」ことが、プライドの拠り所となっていたことは間違いない。その意味で、秀康の死は、徳川政権にとっては好都合だったともいえる。

弟の秀忠が秀康を押しのけて家康の後継者となった事情の具体的な記録はないが、秀忠

〈結城秀康の子孫〉

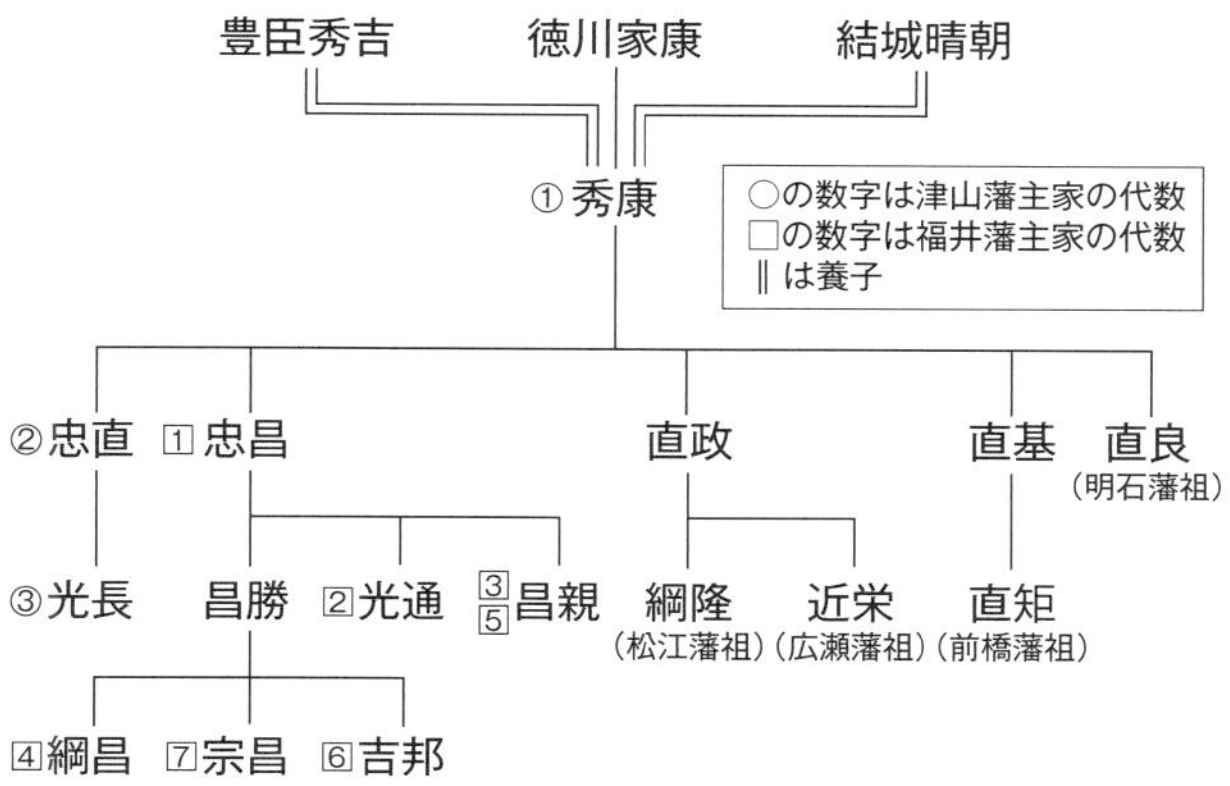

の母である西郷局《さいごうのつぼね》は正式な側室だったのに対し、秀康の母は「たまたま手がついただけ」の関係のようだ。だから家康としても、秀康が本当に自分の子かどうかの確信が持てなかったのではないか。

　福井藩主は、代々、結城でなく松平を名乗ったが、秀康の晩年に松平に戻ったともいわれる。あるいは、秀康の嫡男の忠直《ただなお》が秀忠の娘・勝姫を正室としたので、その縁で松平となったとも考えられる。

　このころは、秀康の義父である結城晴朝は存命であり、秀康の四男である直基《なおもと》に結城姓を名乗らせた。ただし、直基も、一六二四年に勝山三万石となったあと松平に改姓して結城家は消滅したが、子孫は、結城家の家紋を使い続け、祭祀も引き継いだ。

その後、松平大和守家といわれたこの家系は転封が多く、とくに直基の子で二代目の直矩は姫路から村上にいったん移されたのち姫路に戻るが、日田、山形、白河と移り、「引っ越し大名」と言われた。そして、最終的には、五代目の朝矩《とものり》が一七六七年に酒井家と交替で前橋に移った。

しかし、前橋城が利根川によって削り取られたため、川越に本拠を移したが、幕末になって、中山道の警備強化も念頭に前橋城に戻った。

秀康の嫡男の松平忠直は、「大坂夏の陣」で、真田幸村を討ち取るなど大功を上げたのに恩賞として茶器などしか与えられなかった。また、参勤交代を途中から引き返すなど奇行が目立ち、家光将軍就任直後の一六二三年に豊後萩原に流された。

このあと、福井城は忠直の弟である松平忠昌《ただまさ》に与えられ、忠直と勝姫の子である光長は交代で越後高田に移った。この光長は、五代将軍綱吉のときに、お家騒動がゆえに改易され、いったん断絶ののちに、忠昌の系統から養子を取って津山藩として復活した。このために、秀康家の本家は福井か津山かということは、江戸時代から論争のたねになっている。

福井藩は直系の跡継ぎがいなかったりして徐々に石高を減らされ、藩主の官位も維持できなかったので、将軍家から養子をもらうことで石高と格式を維持しようとした。幕末の名君である福井藩一六代藩主・松平慶永《よしなが》（春嶽《しゅんがく》）は、徳川御三卿の一つ田安家からの養子である。

また、福井藩最後の藩主である松平茂昭《もちあき》は、分家の糸魚川藩からの養子である。

このほか、松江藩と明石藩の松平氏も、秀康の子孫だ。松江藩は、秀康三男の松平直政が藩祖で、歴代の藩主のうち知られるのは、風流人として有名な七代目不昧公《ふまいこう》治郷《はるさと》である。

明石藩祖は、秀康の六男・松平直良である。明石六万石だったが、のちに、一一代将軍・家斉の子である斉宣を養子に迎えて二万石の加増で八万石（格式は一〇万石格）となった。

◆岡山藩より鳥取藩が格上だった池田家の事情
――出自不明の池田家が江戸時代、各地で藩主・城主に

「本能寺の変」で盟主・織田信長を失ったあと、事態収拾のために清洲会議に集まった重臣の四宿老は、柴田勝家、丹羽長秀、羽柴秀吉、池田恒興《いけだつねおき》（一五三六〜八四）だった。「本能寺の変」以前の序列だと、明智光秀と滝川一益《たきがわかずます》が入るところだったが、明智は謀反で死亡、滝川は関東管領（肩書きを得ていたかどうかは異説あり）として厩橋（現在の群馬県前橋市）にいたが、事件を知って上野《こうずけ》に侵攻した北条軍に圧迫されて伊勢長島に逃げ帰っていたので外された。

池田氏の出自はほとんどわかっていない。清和源氏三代目の源頼光《よりみつ》の末孫で摂津の有力武士であった池田氏の一族に、美濃池田郡に土着した美濃池田氏があり、その一族が尾張国海部《あま》郡に土着したのではないかという。さらに、楠木正成《くすのきまさしげ》と縁があるともいう。

しかし、江戸時代の鳥取藩主池田家の分家である旗本・鉄砲洲《てっぽうず》家の池田定常という学者は、先祖の出自については不明であるとしている。

池田恒興の父である滝川恒利《つねとし》は、滝川一益と同様に近江の人で、池田家の婿養子となっ

〈池田家系図〉

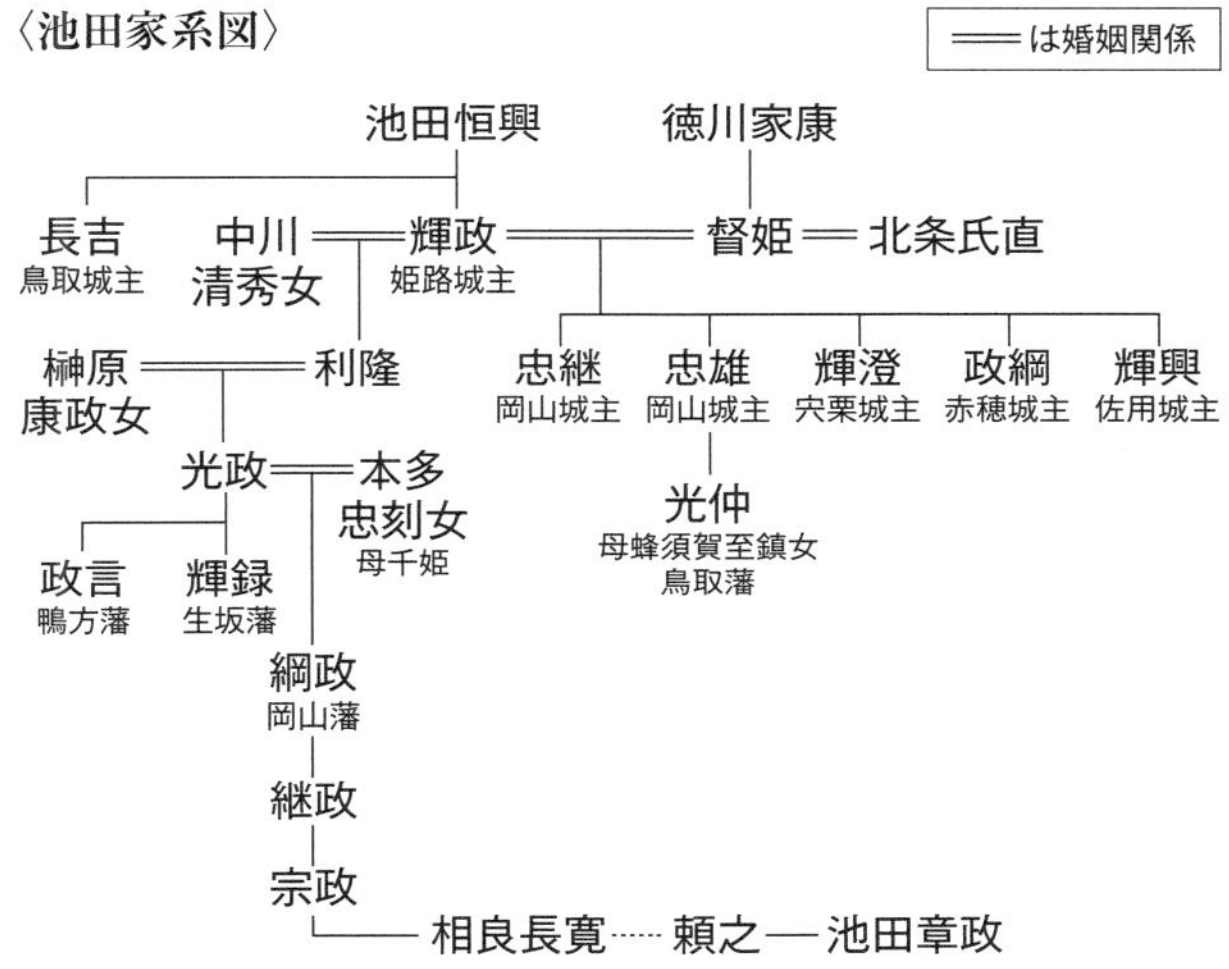

たが、早く死んだようだ。その妻だった養徳院は、織田信長の父の織田信秀の側室となり、さらに、信長の乳母になったという。

この信長との縁で、子の恒興は、信長によって重臣として取り立てられた。荒木村重《むらしげ》が起こした謀反を鎮圧したあとにその旧領を与えられ、兵庫城を築き、清洲会議後は大坂も与えられたが、秀吉が大坂に築城することになり、岐阜の大垣城に移された。

恒興は「小牧長久手の戦い」（一五八四年。秀吉と、織田信雄・徳川家康連合軍が戦った）では秀吉についたが、家康の本拠三河への潜入作戦に失敗して戦死し、嫡男の元助《もとすけ》も討ち死にしたので、次男の輝政《てるまさ》が跡を継いだ。

輝政は岐阜大垣城主から三河吉田（現在の

愛知県豊橋市）城主となった。吉田城を今日の形にしたのは輝政である。また、中川清秀（賤ヶ岳の戦いで戦死した武将）の娘である正室に先立たれていたので、北条氏直の夫人だった家康の次女督姫《とくひめ》を妻として迎えた。

輝政は「関ヶ原の戦い」では、緒戦の岐阜大垣城攻防戦で、攻め手の大将として、勝手知ったるかつての居城を手際よく陥れるなど功を上げ、戦後は、姫路を得た。秀吉時代の旧城を大改造して白鷺城といわれる今日の姿にしたのは、この池田輝政である。

輝政には、前妻との間に長男の利隆《としたか》があってこれを嫡男とせざるを得なかったので、家康は督姫との間にできた池田忠継《ただつぐ》のために、小早川家改易後の備前を与えた。さらに、その弟でやはり督姫の子である池田忠雄《ただかつ》に淡路を与えた。

一六一三年に輝政が死んだとき、播磨西部の宍粟《しそう》・赤穂《あこう》・佐用《さよう》の三郡は忠継に分与されたが、その忠継も一六一五年に死んだので、その遺領は、備前を忠雄が引き継ぎ、やはり督姫の息子たちである池田輝澄《てるずみ》が宍粟、池田政綱《まさつな》が赤穂、池田輝興《てるおき》が佐用を得た。さらに、輝政の弟で一時は秀吉の養子にもなった池田長吉《ながよし》も、「関ヶ原の戦い」ののちに鳥取六万石の大名になった。

姫路城を築いた輝政の石高は五二万石だったが、死後、播磨西三郡は忠雄に分与させられ、利隆の分は四二万石になった。利隆が「大坂夏の陣」の翌年に没したとき、秀忠養女で榊原康政女との間に生まれた利隆の嫡子・光政はわずか七歳であったので、山陽道の要衝である姫路を任すのは無理ということとされ、三二万石で鳥取に転封された。

しかし、今度は一六三二年、備前岡山藩主の忠雄が死んだとき、嫡子光仲は幼少だったので、岡山、鳥取両藩を交換せよということになった。そこで、ほぼ同じ石高の両藩がそっくりそのまま交替した。岡山藩での光政は熊沢蕃山《くまざわばんざん》や津田永忠《ながただ》を登用して、新田開発、領民の教育、質素倹約の奨励など善政を敷き、会津の保科正之などと並ぶ江戸時代前期における名君として評価を受けた。

池田家には、江戸末期になって男子がおらず、島津斉興《しまづなりおき》（薩摩藩主）、奥平昌高《おくだいらまさたか》（豊前中津藩主）、水戸斉昭（水戸藩主）、相良頼之《さがらよりゆき》（肥後人吉藩主）の子を相次いで養子とした。大政奉還時の岡山藩主は、水戸斉昭の九男で徳川慶喜の弟にあたる池田茂政《もちまさ》だった。宗家の当主が、朝敵となった慶喜の弟では何かと都合が悪く、茂政は隠退届けを出し、女系で池田家の血を引き、肥後人吉藩相良家から鴨方《かもがた》藩の養子となっていた池田章政《あきまさ》と交替した。

ただし、相良頼之の祖父は岡山藩からの養子なので、輝政、光政の血を引いているということになる。

◆御三家筆頭なのに将軍を出せなかった尾張徳川家
——紀州徳川家に先を越された運の悪さ

「徳川御三家」といえば、家康の九男・義直《よしなお》を祖とする尾張藩、一〇男・頼宣《よりのぶ》から始まる紀州藩、そして、末っ子である頼房《よりふさ》を初代とする水戸藩である。

そのうち紀州藩はのちに八代将軍・吉宗を出して宗家を乗っ取った。水戸藩は参勤交代を免除され、藩主は江戸定府が許され、「副将軍」とされた。そのかわりに将軍継承権はなかったといわれたが、幕末の実力者だった水戸藩九代藩主・斉昭の子である慶喜が、吉宗の三男から始まる一橋家の養子になったうえで最後の将軍となった。

それに対して、尾張家は御三家筆頭にもかかわらず、将軍を出すことはなかった。

徳川義直（一六〇一〜五〇）は「関ヶ原の戦い」の年の一六〇〇年に伏見城ないし大坂城で生まれた。一六〇三年に甲府城主。尾張には、家康の四男で秀忠の同母弟である松平忠吉が入っていたが（正室は井伊直政の娘）、一六〇七年に忠吉が死去、義直が尾張清洲城主となった。家康は、水害に弱い清洲にかわって名古屋への築城を命じたので、諸大名に手伝わせた天下普請で巨大な名古屋城が築かれた。

義直は、二代将軍・秀忠の次男・駿河大納言忠長が排斥されたのちは、しばらく、将軍後継第一候補だった時期がある。家光が病気と聞いて急いで江戸に大軍を率いて向かい、家光の不興を買ったりした。

非常な尊皇家であったこともよく知られているが、これは、石清水八幡宮ゆかりの母親をもっていたことにも影響するのかもしれない。

〈尾張藩・徳川家系図〉

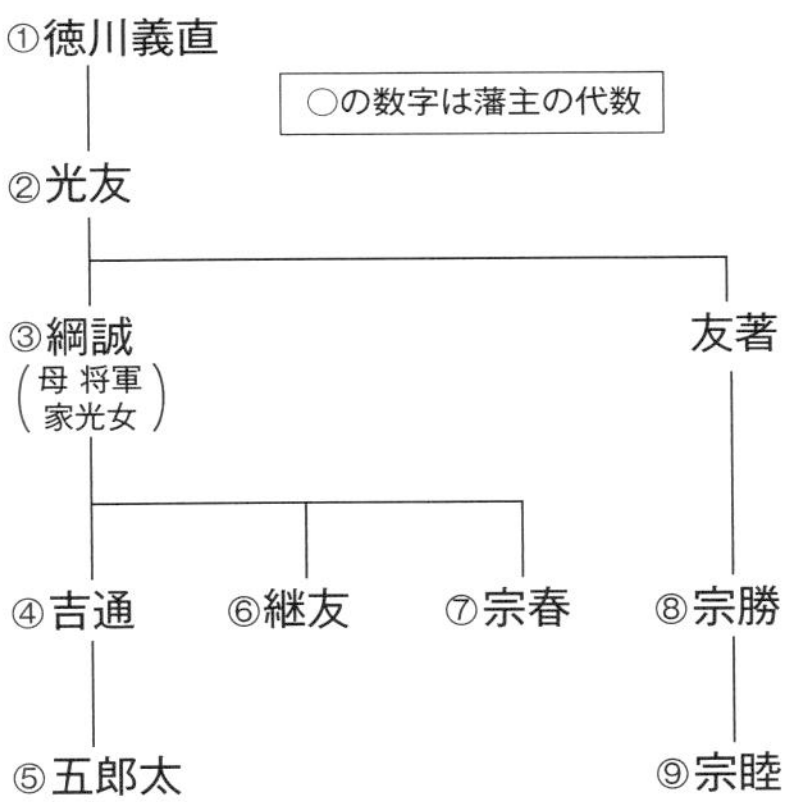

将軍家では後継者難が続いた。五代将軍・綱吉は息子が幼くして死んだため、娘の婿で紀伊藩主の綱教《つなのり》（吉宗の兄）を後継将軍に考えたが、綱教は早く死んでしまった。

そこで、綱吉は甥の甲府藩主・家宣《いえのぶ》を江戸城の西ノ丸に迎えた。六代将軍になった家宣は、実子宗継があるにもかかわらず、幼少なので尾張藩四代藩主・吉通《よしみち》に将軍を譲ろうとしたこともある。しかし、吉通とその子の五郎太が相次いで逝去した。結局、家宣の四男家継《いえつぐ》が七代将軍となった。

そして、家継が夭折したため、尾張藩主の継友《つぎとも》が八代将軍の有力候補になったが、若いうえに軽率な行動が多く、紀州藩の吉宗が八代将軍となった。

継友の跡を継いだ七代尾張藩主・徳川宗春《むねはる》は、吉宗の緊縮策に真っ向から挑戦して人気を博したが、産業育成策などに欠けたために財政難に見舞われ、隠居謹慎させられた。ぜいたくを奨励するなどして功罪いろいろであるが、宗春が名古屋の繁栄のきっかけをつくったことは評価される。

その後、九代宗睦《むねちか》で義直の血統は絶え、一橋家から斉朝《なりとも》を養子とした。しかし、この紀州家へ藩主の座をゆずることへの反発は強かった。そこで、藩内のいわば「民族派」が擁立したのが、尾張藩分家である高須藩（現在の岐阜県海津《かいづ》市）からの養子である慶勝《よしかつ》である。血筋としては水戸系だが、支藩の生まれなので、「落下傘」よりましということだったのだろう。

徳川慶勝は、幕末期に、松平春嶽とともに朝廷と幕府の間に立って徳川政権の幕引きを演出し、東海地方の諸大名の動静にも大きな影響を与えた。

尾張藩には、二人の付家老（幕府から藩主藩政の指導監督の目的で付けられた家老）が置かれた。明治になって犬山藩（三万五千石）を立藩した成瀬《なるせ》氏と、今尾藩（三万石）を立てた竹腰《たけのこし》氏だ。

両氏とも独立諸侯として認められるように猛運動し、成瀬氏は自領への尾張藩官憲の立ち入りを禁止していたほどだった。明治になると、御三家懐柔《かいじゅう》のために、紀州藩の田辺安藤家、新宮水野家、水戸藩の松岡中山家とともに立藩が認められた。ただし、華族制度ができたときは、一万石の家老なみの男爵だったが、維新の際に勤皇側に立った成瀬氏だけはあとで男爵の上の子爵にしてもらった。

この成瀬氏は徳川譜代の家臣だが、竹腰氏は尾張藩祖・義直の異父兄がルーツだ。義直の母のお亀の方は、石清水八幡宮の社人の娘で、家康の側室となった。家康との間に義直を産む前に子をもうけ、それが竹腰氏の祖である竹腰正信である。竹腰氏は近江源氏の系統で、近江坂田郡から美濃に移っていたという。

◆京都の八百屋の娘だった？ 綱吉の母

——「蛍大名」として殿様にまで上り詰めた人たち

「蛍大名」という言葉がある。蛍がお尻を光らせていることに由来するもので、娘や姉妹のお尻のお陰で殿さまになれた家柄を指す。

江戸幕府が安定して天下泰平になってから大名になった増山家（四代将軍・家綱の生母の実家）や本庄家（五代将軍・綱吉の生母の実家）はひときわ目立つ蛍大名だ。身分が固定されていた江戸時代にあって例外的な出世であった。

三代将軍・家光（一六〇四〜五一）は、ほとんど女性に興味を示さなかった。若いころに、のちに尾張藩二代藩主・徳川光友《みつとも》の妻となる千代姫を側室に産ませているが、そのあとはご無沙汰で、美少年ばかり集めていた。

乳母の春日局も、焦って妖艶な美女たちを世話するのだが、とにかく興味を示さない。

ところが、伊勢慶光院（伊勢神宮の神宮寺）の門跡に就任した公家の六条家の姫君が挨拶に訪れたところ、清楚な美貌に魅せられた家光は、「あのように美しい女性は見たことがない」とぞっこんになった。

〈本庄・増山家系図〉

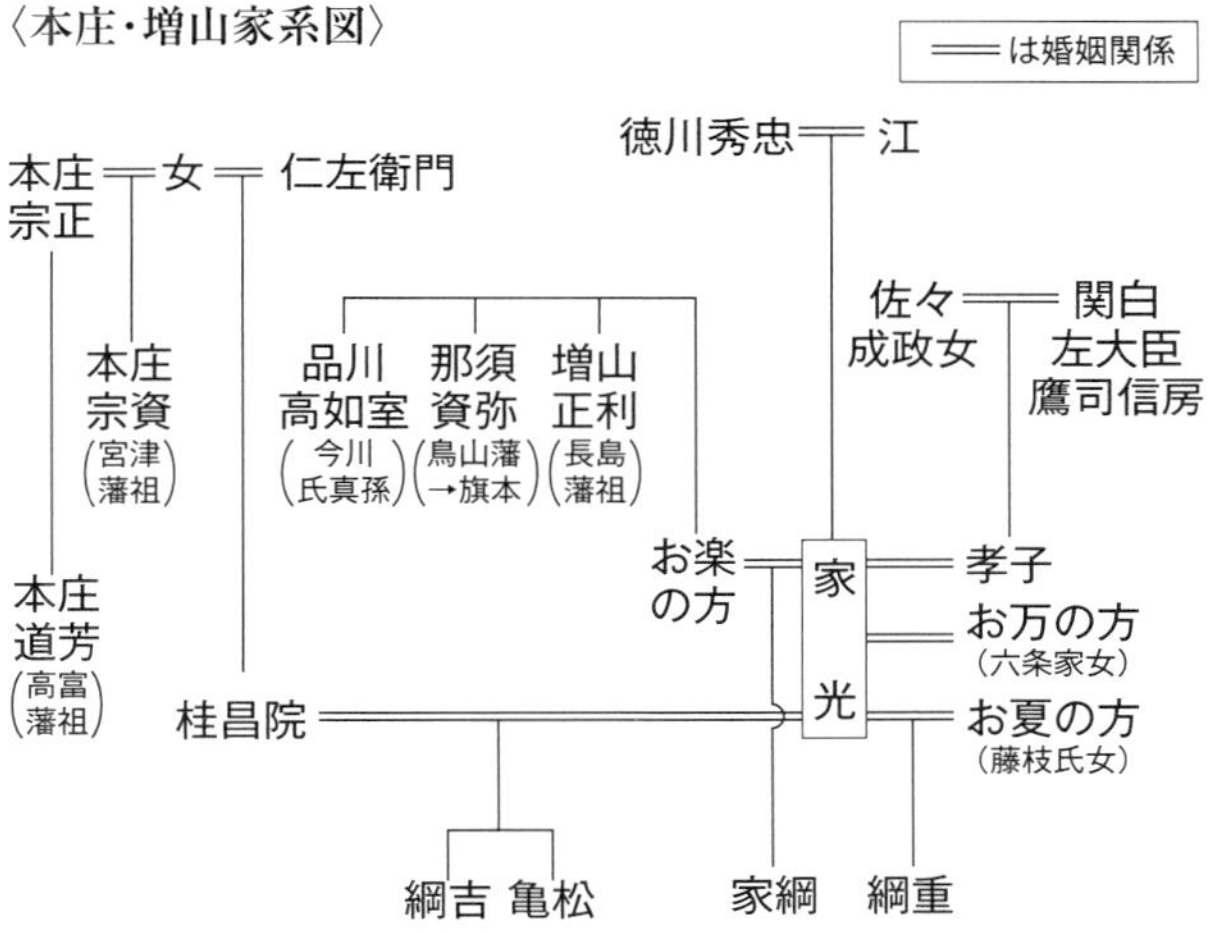

　そこで、春日局はこの尼さんを口説いて還俗《げんぞく》させ、家光の側室にした。これが、吉屋信子の小説『徳川の夫人たち』で理想的な女性として描かれて有名になった「お万の方」である。しかし、お万の方には子ができず、やがてお万は、春日局の後任となり、大奥の取締役として、側室を見つける差配をするようになる。

　その美貌に目を付けた春日局の引きで家光の側室となり、一六四一年に家綱を産んだのがお楽の方だ。父は青木利長というが、いま少し出自がはっきりしない。お楽の方の弟である正利が、母方の増山《ましやま》家を名乗っているところを見ると、父方に何か罪があるなど不都合があったのかも知れない。その増山正利は、その姉のお楽の方の縁で召し出され、一六四七年に相模国高座郡一万石で大名となった。甥の正弥が二代目を継ぎ、伊勢長島藩に移った。正利の弟の資弥は、名門那須家の養子となっていたが、正弥はその子である。はじめ大名だったが、のちに旗本に降格された。

もっと有名な蛍大名が、京都堀川の八百屋の娘だったともいわれる「お玉」（桂昌院《けいしょういん》）の実家の本庄家だろう。お玉は将軍・綱吉の母となり、自身も従一位《じゅいちい》まで昇ったのであるから、庶民の羨望の的だったことはいうまでもない。このお玉こそ「玉の輿」の語源という説もあり、京都では「玉の輿行列」などというお祭りもある。

桂昌院の関西の寺社仏閣への寄進は相当なもので、火災で焼失した東大寺の大仏殿や紅葉の名所として知られる善峯寺《よしみねでら》（京都市西京区）など、多くの建築が彼女のお陰で再建されている。

桂昌院の母は、夫と死別し、二条家に仕える本庄宗正《むねまさ》と再婚した。宗正の妻の連れ子としてお玉は、家光の正妻である鷹司孝子《たかつかさたかこ》の世話係として江戸にやってきた。当時、孝子は家光に疎んじられて別居していた。お玉は、やがて家光の側室になった。

そして、彼女が家光の子を産み、その子が五代将軍・綱吉となったので、本庄宗正と先妻の子だった本庄道芳《みちか》と、宗正と桂昌院の母の間の子である本庄宗資《むねすけ》がそれぞれ大名家の藩祖となるのである。

道芳は館林藩時代の綱吉の家老をつとめ、子の本庄道章《みちあきら》が一七〇九年、美濃高富藩一万石の藩主となった。宗家は道章のほうだが、綱吉の母との血のつながりがあるのは宗資なので、こちらのほうが石高も上になった。

本庄宗資は一六九二年に常陸笠間で四万石、のちに一万石を加増された。子孫には松平姓を与えられ、幕末には丹後宮津藩主だった。幕末の藩主であった宗秀《むねひで》は老中を務めたが、第二次長州征伐に際して独断で休戦を進めて免職された。

家光の次弟で六代将軍・家宣の父である綱重の母の実家も、蛍の威光で出世を遂げた。実家の藤枝家は京都の町人だったが、四五〇〇石の旗本になった。だが一七八五年に子孫が遊女と心中して改易された。

蛍大名というには高貴に過ぎるが、家光の正室・鷹司孝子の弟である鷹司信平は、幕臣として東下し、家康の一〇男で紀州徳川家の祖・徳川頼宣《よりのぶ》の娘婿となった。その孫の松平信清《のぶきよ》は大名となって上野《こうずけ》吉井一万石として幕末まで続いた。石高は低いが、官位や江戸城に登城した際の控えの間の格からすれば、大大名並みの格式を誇った。

第五章　武将たちのDNA。その意外な受け継がれ方

——織田・豊臣・上杉家の盛衰の原因を系図から読み解く

米沢城址。米沢藩９代藩主の“名君”上杉鷹山は、赤穂事件の“大悪人”吉良上野介の末裔だった!?

◆ゴッドマザー大政所なかの死で家族崩壊した豊臣家
――秀次〝切腹〟事件の遠因

庶民出身である豊臣秀吉（一五三七〜九八）の家族は非常に現代的な仲の良いファミリーだった。ところが、そんな豊臣家で、秀吉の同母姉の子で、関白を継いでいた豊臣秀次（一五六八〜九五）が、秀吉によって追放され、切腹を命じられるという悲劇的な事件が起きる（一五九五年）。

その原因を探っていくと、一族のゴッドマザーだった秀吉の母・大政所《おおまんどころ》（一五一三〜九二）の死がきっかけになったことがわかる。次ページの系図に各自の没年を入れておいたのでよく経緯がわかると思う。

NHK大河ドラマのお陰で、滋賀県長浜市はえらく恩恵をこうむっている。二〇一一年の「江《ごう》」の主人公だった浅井三姉妹は、この地の小谷城《おだに》の生まれだし、二〇〇六年の「功名が辻」の山内一豊《やまのうちかずとよ》もここの城主だった。

また大河の常連としてしばしば登場する豊臣秀吉が、信長に仕えていたころにはじめて城主になったのも長浜だ。長浜時代の秀吉一家は、史実でもかなりのエピソードがあると

〈木下・豊臣家系図〉

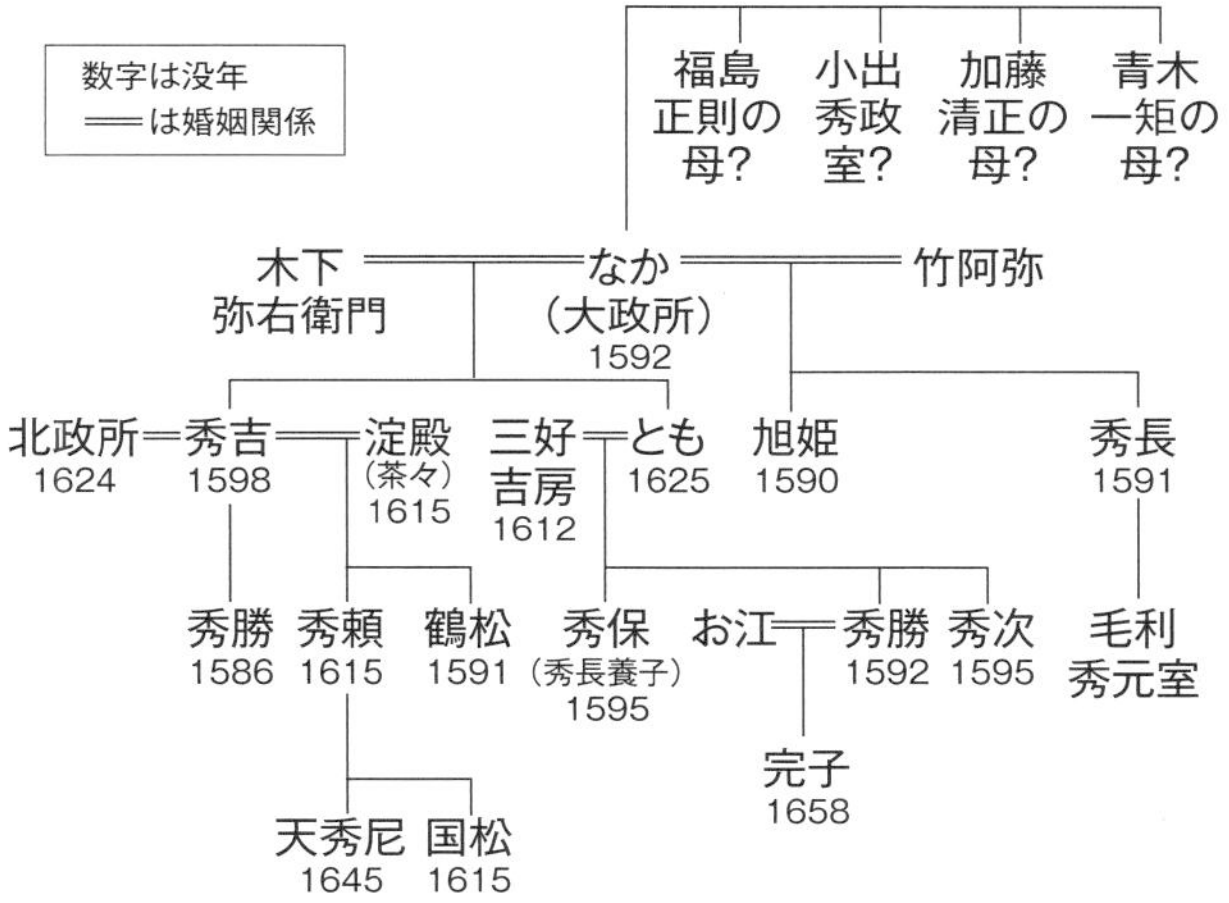

いうことで群を抜いている。

信長や家康のファミリーだと、「殿様の家の家族関係は冷たいものだ」と思えることが多いが、秀吉とその周辺の人々には、現代の庶民も共感できるところが結構ある。秀吉一家は、浅井氏の滅亡後に小谷城（ふもとの清水谷）に入り、やがて、長浜城を築いて移り、山崎に引っ越すまでここにいた。

「秀次事件」については、かつては、石田三成が、秀吉が死んで秀次の時代になると自分の権力が脅かされることを危惧して企んだという説が多かったが、秀次周辺と三成がとくに対立していたという根拠はない。浅井旧臣の子である三成が、浅井三姉妹の一人である淀殿（茶々。一五六七～一六一五）と組んだという見方もあるが、三成はむしろ北政所《きたのまんどころ》に近かった。

三成にとって、北政所が、子供のときから母親代わりのような存在だったのに対して、自分をかつての家臣の子と見下す淀殿は苦手だったのではないか。「関ヶ原の戦い」のときも、淀殿より北政所のほうが西軍寄りだった。淀殿は、上杉景勝を討伐するため会津攻めに出発する家康には軍資金を与えたのに、三成には与えていないし、秀頼の出陣も許していない。むしろ、妹の江《ごう》がいる徳川家に配慮していたようだ。

問題は、秀次の切腹に北政所はなぜ救いの手を出さなかったのかである。秀吉は、謀反の疑いをかけられた秀次に伏見城に出頭するよう命じたが、その際に、北政所の側近の孝《こう》蔵主《ぞうす》は、秀次がわずかな供回りだけで来るようにと誘い出す役回りをしているのである。

私はこの事件は、「豊臣家の家族崩壊」だと位置づけたい。

この事件における淀殿の立場ははっきりしている。なにしろ秀吉がこのまま死にでもしたら、秀次の世になって、自分も秀頼も命すら危なくなる。できれば秀次を排除してほしいし、そうでないなら確かな安全装置をかけておきたい。まさにファミリーの思惑がバラバラで、崩壊の危機にあった。

それまで北政所は、豊臣家の女主人としてファミリーの面倒をみてきたのに、なぜこうした非常時に適切な手を打てなかったのかが不思議だが、ここで見落としてはならないことがある。それが、秀次が関白になった翌年、秀頼が誕生する前年の一五九二年に秀吉の母である大政所（なか）が死去していることだ。

それに先だって、秀吉の異父妹で徳川家康夫人になっていた旭《あさひ》と、異父弟の秀長が相次いで死去しており（一五九〇年と一五九一年）、秀吉の兄弟では、秀次の母である同父姉のともだけが残っていた。ともは、夫の三好吉房《みよしよしふさ》とともに、秀次の領国である尾張清洲城にあった。秀次が関白になったので、父母が代わって尾張を管理していたのである。秀次は安土城を現在の近江八幡に移転させてそこの城主だったことが知られているが、「小田原の役」のあと、織田信雄が改易されたのちの清洲城に移った。

どこの家でもそうだが、秀吉の家族と秀次も含めた姉一家という関係においても、姑（大政所）がいればコミュニケーションは取りやすいが、それが死んでしまい、旭と秀長という兄弟もいなくなったのでは、意思疎通が悪くなるのも当然だ。まして、姉のともが清洲にいるのではなおさらだ。こうしてファミリーの結束を支えていたゴッドマザーの死とともにファミリーの結束は解体し、嫁である北政所も、秀次の悲劇に手の打ちようがなくなったことが「秀次事件」の真相と見るべきではないか。

◆現皇室にも続く豊臣家（木下家）の系譜
――木下家だけでなく徳川、九条、島津、京極…らも連なる

淀殿の養女として、公家の九条幸家《ゆきいえ》に嫁した豊臣完子《さだこ》（一五九二～一六五八）という女性がいる。実母は淀殿の妹であるお江《ごう》であり、父は豊臣秀次の弟の秀勝である。秀勝の両親は、先に紹介した秀吉の姉のともと三好吉房である。

お江の最初の夫は、お犬の方（信長の妹のお市の姉）の息子である佐治一成《さじかずなり》だった。これは、養女になって将来の結婚を予定されていたような状態で、普通の意味での結婚ではない。

しかし、秀吉と家康が戦った「小牧長久手の戦い」で佐治一成が徳川方に付いたので秀吉の怒りを買って離縁となり、のちにお江は豊臣秀勝と結婚した。秀勝は「文禄の役」（第一回目の朝鮮出兵）のとき巨済島《きょさいとう》で陣没したが、娘の完子を残した。

そののち、お江は三番目の夫の徳川秀忠と結婚したので、前夫の子である完子は淀殿に引き取られた。そして、完子は、一六〇四年に九条忠栄（のちに幸家）に輿入れした。それ以前に、織田信長の孫の織田秀信《ひでのぶ》と婚約していたという説もある。秀信に正室がいなかっ

たところをみるとあり得ない話でないが、いずれにせよ、秀信は関ヶ原の敗戦で高野山に入ったので実現しなかった。

　完子は多くの子をなしたが、子孫が現代まで続いているのは、次男の九条道房《みちふさ》と東本願寺大谷家に嫁した長女の序君の系統である。

〈天皇家につながる豊臣家(木下家)系図〉

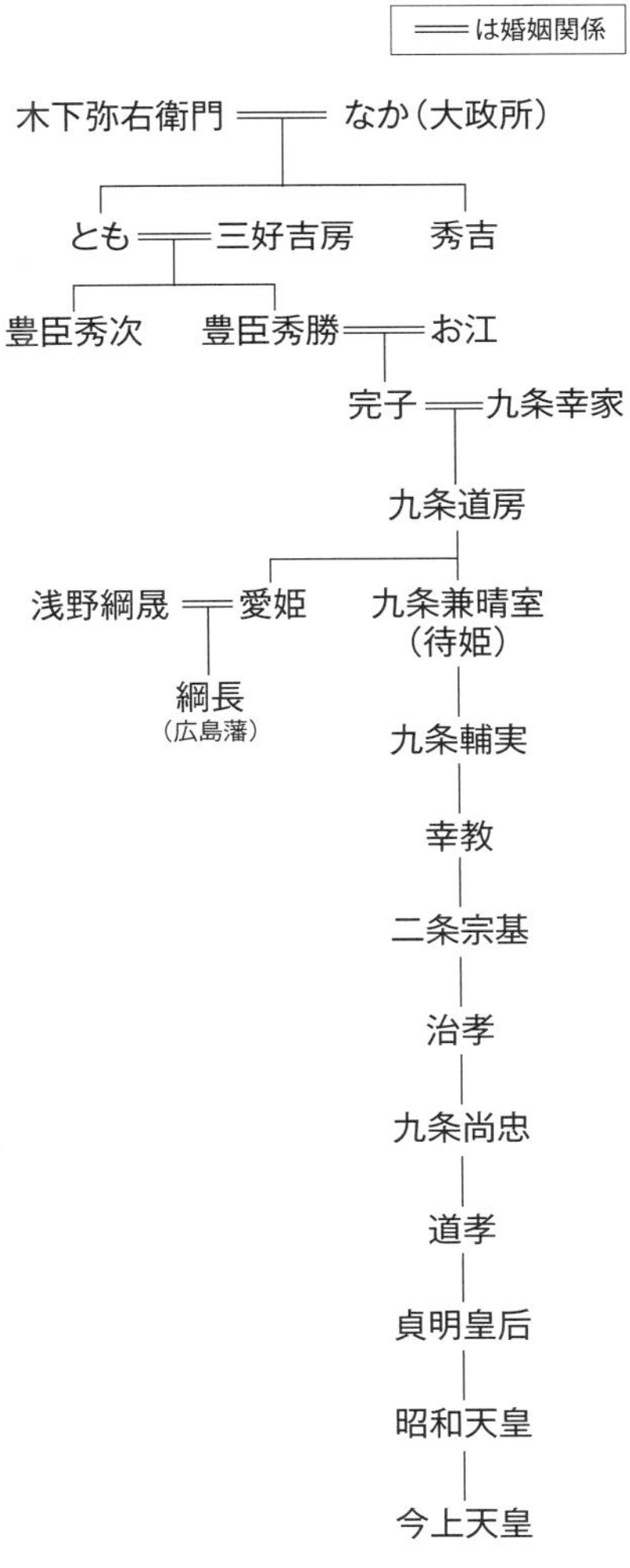

道房に男子はいなかったが、娘の待姫とその婿養子に入った九条兼晴《かねはる》（父は鷹司家）との間に九条輔実《すけざね》があり、それ以降は、息子の幸教《ゆきのり》→二条家に養子に入った宗基→治孝→九条尚忠《ひさただ》→道孝→貞明《ていめい》皇后→昭和天皇→今上陛下とつながっている。

つまり、豊臣家（木下家）の血は、秀吉の姉のともの子孫を通じて今上陛下につながっている。また、道房の次女・愛姫とその死後に継室となった五女・八代姫は、広島藩主・浅野綱晟《つなあきら》に嫁ぎ、その子孫も大きな広がりをもっている。

公家の場合、大名家のようなきちんとした側室制度はなく、「家の子」などと呼ばれる女性に子供を産ませて里子に出し、少し大きくなったら戻して正室の子として育てることが多く、うっかりすると、誰の子かわからないこともある。

そんなわけで、正確にＤＮＡをたどれるか心許ないこともあるが、右の豊臣家から現皇室への流れは、だいたい信用していいであろう。

皇室との関係では、尾張藩四代藩主・徳川吉通に九条輔実の娘が嫁して、その子孫がまた、九条家と縁組みして子孫が続いている。吉通の母は三代将軍・家光の娘である。したがって、このつながりは、秀忠、家光、そして尾張藩祖・徳川義直といった男系では断絶した人々のＤＮＡを、女系を通じて、今上陛下をはじめ、あちこちに伝えていることになる。

皇室では、高円宮久子《たかまどのみやひさこ》さまも九条家の血を引いておられ、その三人の王女も同様だ。

これと関連して、徳川家康と織田信長の血が皇室に流れ込んでいるのが、仁孝《にんこう》天皇（一八〇〇〜四六）の勧修寺《かじゅうじ》家出身の母のルートだ。

信長の次男である信雄の四男信良は、小幡《おばた》藩主（子孫は天童藩主）となった。その信良の娘が、臼杵《うすき》藩四代藩主の稲葉信通《いなばのぶみち》に嫁ぎ、稲葉知通、恒通《つねみち》と続く。その恒通の正室は、家康の次男である結城秀康の六男で、木本藩主だった松平直良《なおよし》の孫娘だった。

そして恒通とこの松平直良の孫娘との間の娘が、公家の勧修寺顕道の正室になった。その子が勧修寺経逸《つねはや》で、さらにその娘である婧子《ただこ》が、光格天皇の女官として仕え、仁孝天皇の母となった。

このほか、今上陛下の母である香淳《こうじゅん》皇后は、薩摩藩一二代藩主・島津忠義の孫娘だが、この忠義やその父である久光の先祖には、「島原の乱」の原因をつくった松倉重政、松山藩祖・松平定勝《さだかつ》、京極高知、浅井久政（長政の父）といった大名家の血が流れている。今上陛下は彼らの子孫でもある。

◆秀吉の正室・寧々の親戚・浅野家と家康の娘

――家康の娘婿となって豊臣を裏切ったが、幕末は倒幕派に

豊臣政権の五奉行の一人である浅野長政（一五四七～一六一一）は、豊臣秀吉の正室・北政所寧々《ねね》の親戚である。

寧々の兄は木下家定《きのしたいえさだ》で、その子孫は備中足守《あしもり》藩と豊後日出《ひじ》藩主として生き残り、江戸時代も豊臣朝臣《あそん》を名乗り続けた。浅野家は「大坂の陣」では徳川軍の先頭に立ち、幕末には官軍の中核となった。両家は、のちに別々の道を歩んだが、そもそもどういう関係なのか。

浅野氏の先祖は土岐《とき》氏の流れというのが公式見解である。家名のもとになった浅野という地名は、美濃国土岐《とき》郡のものとも、尾張丹羽《にわ》郡のものともいわれるが、はっきりしない。

尾張の住人であった浅野長勝《ながかつ》は妻の姉の娘二人を養い、長女を木下藤吉郎《とうきちろう》（のちの秀吉）に、次女を養子の長政に嫁がせた。

長政は秀吉と兄弟の契りを結び、その配下に置かれて、一五八三年には大津城主となり、ついで小浜城主となったが、秀吉の朝鮮渡海に諫言して謹慎させられた。

しかし、許されて息子の浅野幸長《よしなが》ともども甲斐を領した。幸長は豊臣秀次と近かったこ

〈浅野家系図〉

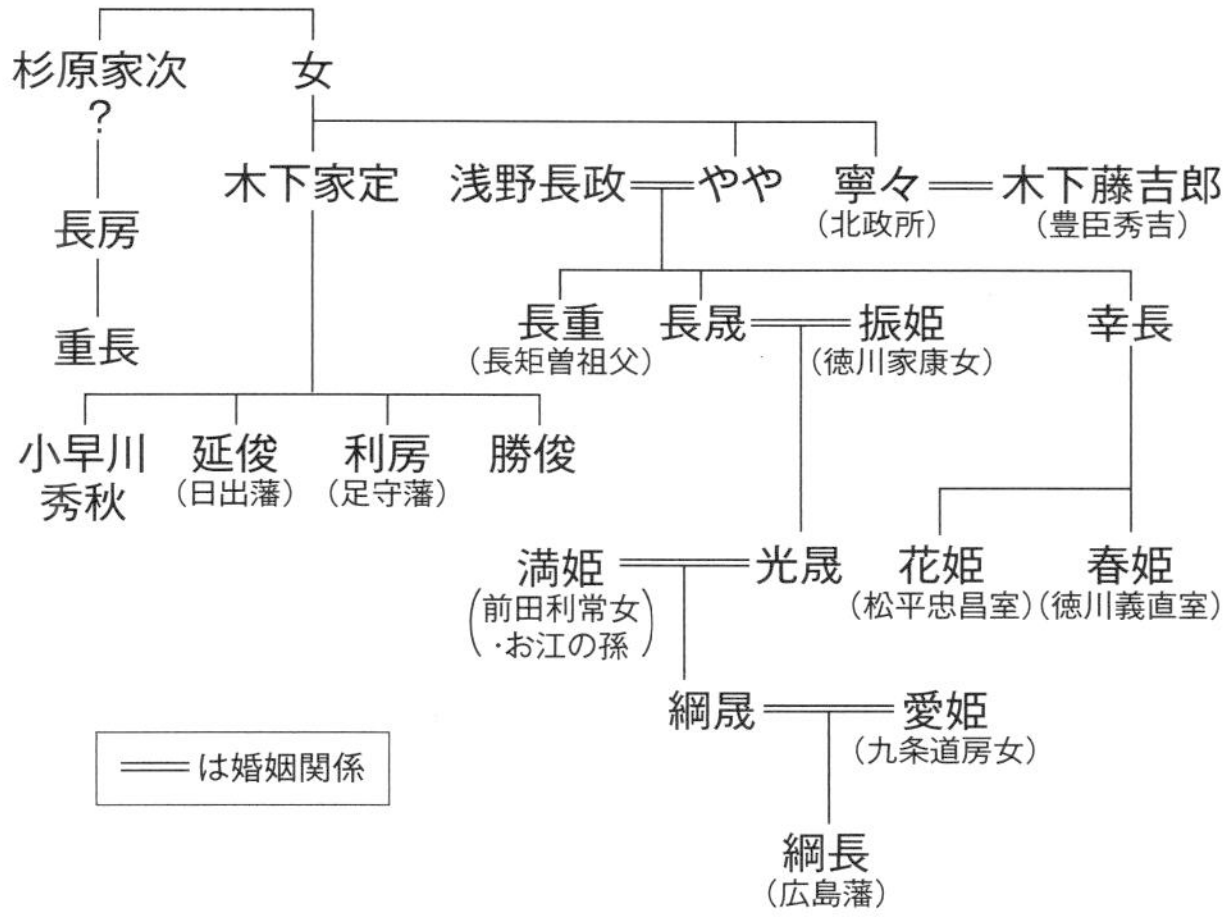

ともあり、政治的にまずい立場に置かれたこともあるが、許されて朝鮮でも活躍した。だが、「関ヶ原の戦い」のときには東軍に属し、紀伊を拝領した。和歌山城の現在の姿は浅野氏によってつくられたといってよい。

一六一一年、二条城で行われた徳川家康と豊臣秀頼の会見に秀頼に従って同席したのは、加藤清正と浅野幸長であり、仮病を使って大坂城を守ったのが福島正則であった。

この会見の首尾を清正や幸長は成功だと思ったらしいが、実際には、カリスマ性の高い貴公子に成長した秀頼を見た家康は、豊臣家を滅ぼすしかないと決意を固めた。清正は、沿道の京都市民に、御簾《みす》を上げて秀頼の勇姿を披露したというが、徳川を刺激する愚行を犯したのだから世話はない。

徳川の時代になって、加藤家と福島家が断絶されたのに対し、浅野家は大諸侯として生き残ったが、これには、家康の孫が浅野家の当主になったことが決め手になった。浅野幸長は二条城会見の翌々年に没し、跡を継いだ弟の長晟《ながあきら》のもとに、家康の娘で蒲生秀行未亡人の振姫《ふりひめ》が嫁した。そして、運良く嫡子の光晟《みつあきら》を三〇歳代後半という当時としては高齢出産ながらも残したのである。

家康には多くの養女がいたが、実の娘で他家と縁組みしたのは、奥平信昌夫人の亀姫、北条氏直及び池田輝政と結婚した督姫、そして、この振姫だけなのである。

浅野長晟は、一六一九年に福島正則改易後の広島藩主となって、加藤家・福島家と明暗を分けた。光晟は松平の姓も与えられた。

広島藩には支藩がいくつかあったが、その第一は、長政の三男である浅野長重《ながしげ》が父の隠居領を継いだ常陸真岡《もおか》藩（現在の栃木県真岡市）で、のちに「大坂の陣」の功で笠間藩に、子の長直《ながなお》のときに播磨赤穂藩に移った。長直は兵学者の山鹿素行《やまがそこう》を遇し、赤穂城は彼の縄張り（設計）による。しかし、一七〇一年、浅野内匠頭長矩《たくみのかみながのり》が吉良上野介に殿中で刃傷に及んだ有名な「赤穂事件」が起き、改易された。

一方、寧々の実兄の木下家定は姫路城主だった。もともとは、杉原氏、あるいは林氏を称していたらしいが、義弟の木下の姓を与えられたという。あるいは、もともと木下姓で、秀吉のほうが妻の実家の姓を名乗ったともいう。

家定は、「関ヶ原の戦い」で三成が挙兵した際、北政所の護衛と称して、東軍・西軍のどちらにもつかず、日和見をしたので、家康によって姫路から備中の足守藩に移される。

長男・木下勝俊は小浜城主だったが、「関ヶ原の戦い」の前哨戦で伏見城から退去し、同じく北政所の警備にあたったので領地を奪われた。次男・木下利房は高浜城主だったが西軍に属したため、除封された。家定の領地は勝俊と利房に折半させようということになっていたが、寧々が勝俊に単独相続させようとして介入したのに怒った家康が、懲罰的に利房の単独相続にさせた。

このほか、弟に日出《ひじ》藩祖・木下延俊《のぶとし》と小早川秀秋がいる。関ヶ原で、延俊は妻の兄である細川忠興と福知山城を攻め、豊後国の日出藩三万石を得た。足守、日出両藩とも江戸時代や幕末維新を通じてさしたる特別の動きもなかったが、維新後には協力して豊臣秀吉を祀る豊国《とよくに》神社の復興にあたり、秀吉の名誉回復に一役買った。

◆江戸時代、織田信長の子孫たちはどうしてた?
——元フィギュアスケート選手とどうつながるか

元フィギュアスケート選手の織田信成のご先祖は、織田信長ということになっている。本人は、信長の七男・信高《のぶたか》（一五七六〜一六〇三）の子孫だといっているのだが、信長には多くの子がいた。ここでは、信長の子孫のその後を探ってみよう。

信長の子孫たちは、それほど厚遇されなかった。その背景としては、信長晩年の残虐ぶりがたたって、豊臣時代にも徳川時代にもあまり人気がなかったからだ。

人気が出たのは、戦後になって司馬遼太郎などが魅力的なキャラクターに描き、小泉純一郎首相のころから改革者という位置づけを与えられてからだ。

ただ、秀吉は自分の正統性を確保するために、織田一族にはいろいろと配慮している。たとえば、秀吉は信長の四男の秀勝を養子とし、丹波亀山城主にしたが、秀勝は一五八六年に死去した。秀勝が死んだことで織田家と縁が切れたことから、秀吉は織田家の血を引く淀殿を側室に迎えた（一五八八年）。

信長の子としては、第二夫人というべき生駒《いこま》氏（吉乃《きつの》）との間に、信忠、信雄《のぶかつ》、徳川信康夫人の徳姫（五徳）がいた。

信長の長男・信忠はまっとうな出来だったようだが、「本能寺の変」のときに京都にあり、

〈織田家系図〉

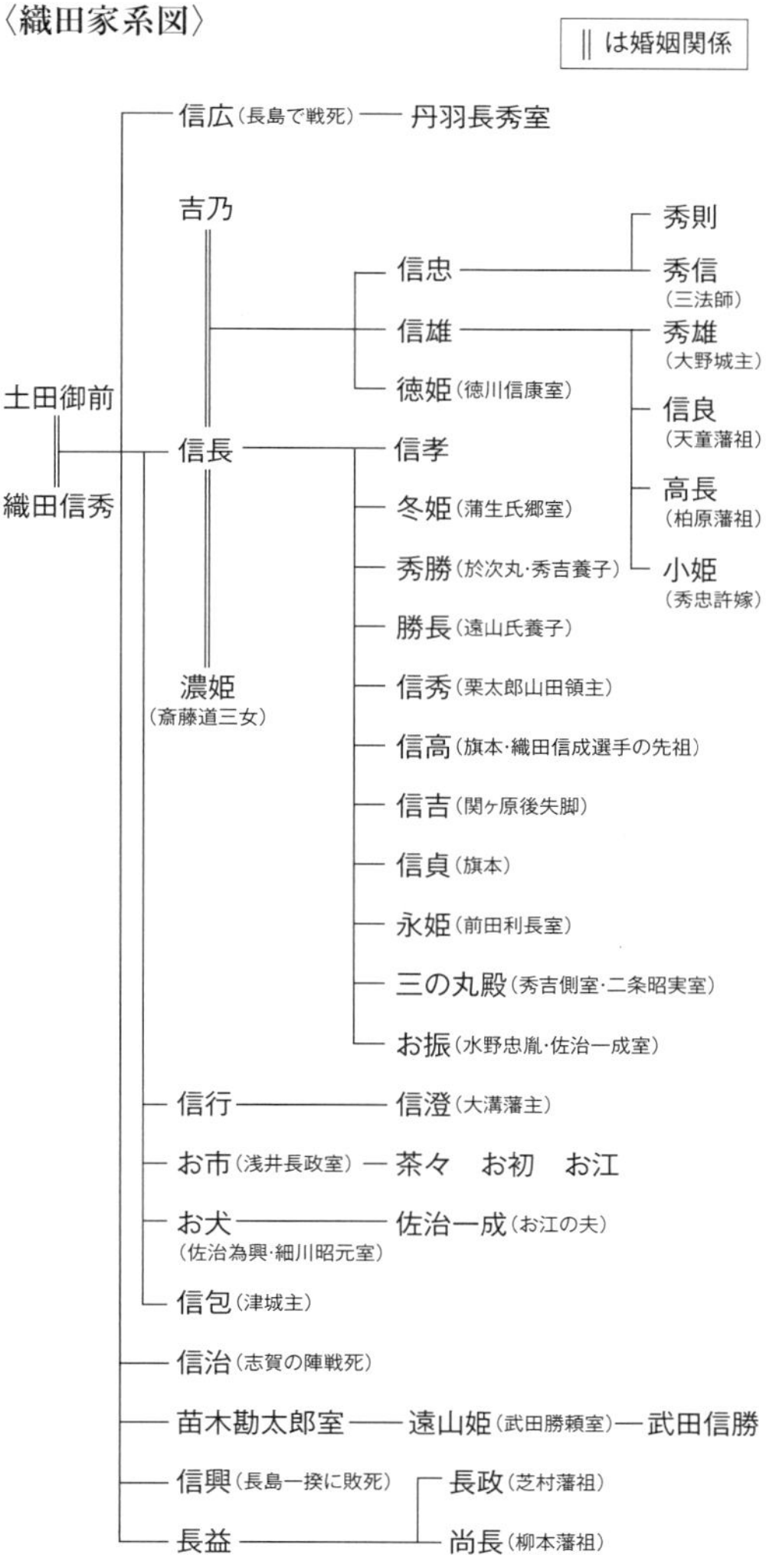

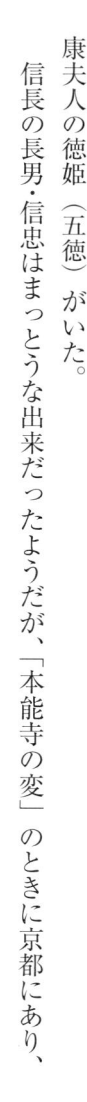

二条城で光秀軍に攻められ、雑兵の手にかかるのを嫌って自害した。その子が秀信（三法師）で、信長の嫡孫である。秀信は、岐阜城で信長の三男・信孝のもとに置かれ、ついで再建された安土城主となったが、秀吉と信長の二男で尾張・伊勢にあった信雄が対立したので、丹羽長秀の坂本城に避難した。のちに、岐阜城主となり、秀吉は秀信を朝鮮関白にしようなどと構想していたという。

「関ヶ原の戦い」で西軍についた秀信だったが、前哨戦で岐阜城が落城し、高野山に追放された。西軍の主力が到着以前に、早まって夜戦に打って出たのは、信長の孫としての矜《きょう》持《じ》が空回りしたが故だろうか。

かわって織田家の宗家となったのは、信長の二男・信雄の系統である。豊臣時代は、内大臣として政権ナンバーツーだったが、秀吉の天下統一後、家康旧領への転封を拒み、改易された。大坂城で淀殿と秀頼の後見役だったが、「大坂冬の陣」を前に城を出た。

信雄の嫡男である織田秀雄《ひでかつ》は、秀吉から越前大野五万石をもらったが、「関ヶ原の戦い」で西軍について改易された。信雄は大和松山に五万石をもらって、一六三〇年まで生きた。信雄は四男の織田信良《のぶよし》に上野小幡《おばた》二万石を分与し、松山の遺領は五男の高長《たかなが》が引き継いだ。信良家と高長家の両家は、どちらの系統が宗家かを争った。江戸幕府の裁定では高長家ということになったが、高長の孫である信武《のぶたけ》は、元禄年間に、諫言を行った重臣を殺害して自刃し、信武の長男の信休《のぶやす》は減封されたうえで丹波柏原に移された。この事件を「宇陀《うだ》崩《くず》れ」という。

信良家は、明和年間に尊皇思想家の山県大弐《やまがただいに》に関係したとして出羽天童に移された。維新期の戊辰戦争では、当初、官軍につき、庄内藩などから攻撃を受けて城下を焼かれたが、強要されて奥羽列藩同盟に参加したため、また、処罰された。

信長の三男の信孝は信雄と争い自刃。五男の勝長は二条城で兄信忠とともに討ち死に。六男の信秀は秀吉の死と同じころまで存命していたようだ。九男の信貞の子孫は旗本及び尾張藩士。一〇男の信好は消息不明。一一男の長次は関ヶ原で戦死している。

元フィギュアスケート選手の織田信成がその子孫とする信長の七男・信高についてだが、その母は、信長晩年の愛妾で近江出身の未亡人お鍋の方といわれる（異説もある）。秀吉から二千石余りを近江でもらった。関ヶ原で西軍についたため領地を失うが、孫が江戸幕府の高家に取り立てられた。織田信成はその子孫だというが、詳しい系図は公になっていない。同母兄弟には、信長八男の信吉があり、秀吉のもとで二千石をもらっていたが、関ヶ原で西軍について没落した。子孫は津田姓を名乗り水戸に住んだという。

◆"名君"保科正之が抱えていた負い目

――徳川秀忠の子であり、家光の弟である初代会津藩主の分かれる評価

一六六四年、米沢藩主の上杉綱勝が継子を定めないまま急死した。本来ならお家断絶なのに、領地半減で済ますように計らったのは、綱勝の正室の父である会津藩主・保科正之《ほしなまさゆき》（一六一一～七三）だった。法をまげてのお手盛り処置だったが、それをしなくてはならない負い目が正之にはあったのだ。

江戸時代前半の名君といえば、しばしば名が出てくるのが、岡山の池田光政と会津の保科正之だ。池田光政はさすがに文句無しの名君だが、保科正之を名君とすることについては、そういいたい人の気持ちはわからなくもないが、私は絶対に賛成できない。公的な使命を忘れて、身内へのお手盛りに奔走した小賢しい政治家を名君と呼ぶことが、日本人の政治家に求めるものの貧しさを象徴していると思えるからだ。

保科正之は二代将軍だった徳川秀忠の庶子で、三代将軍・家光の異母弟である。一六一一年に、北条氏旧臣の神尾栄嘉《かんおさかよし》の娘である静という女性を母として生まれたといわれているが、静の素性は定かでなく、側室といった立場ではなく、「お手つき」の関係の

ようだ。

幼少の正之は、武田信玄の娘の見性院《けんしょういん》（穴山梅雪《あなやまばいせつ》未亡人）に預けられていたが、一六一七年、武田旧臣の保科正光が養子として育てるように依頼され、このときに五千石を保科家に加増しているから、その血筋は知る人ぞ知るということだったのだろう。そののち、一六三一年には家督を譲られた。

〈保科正之と会津松平家系図〉

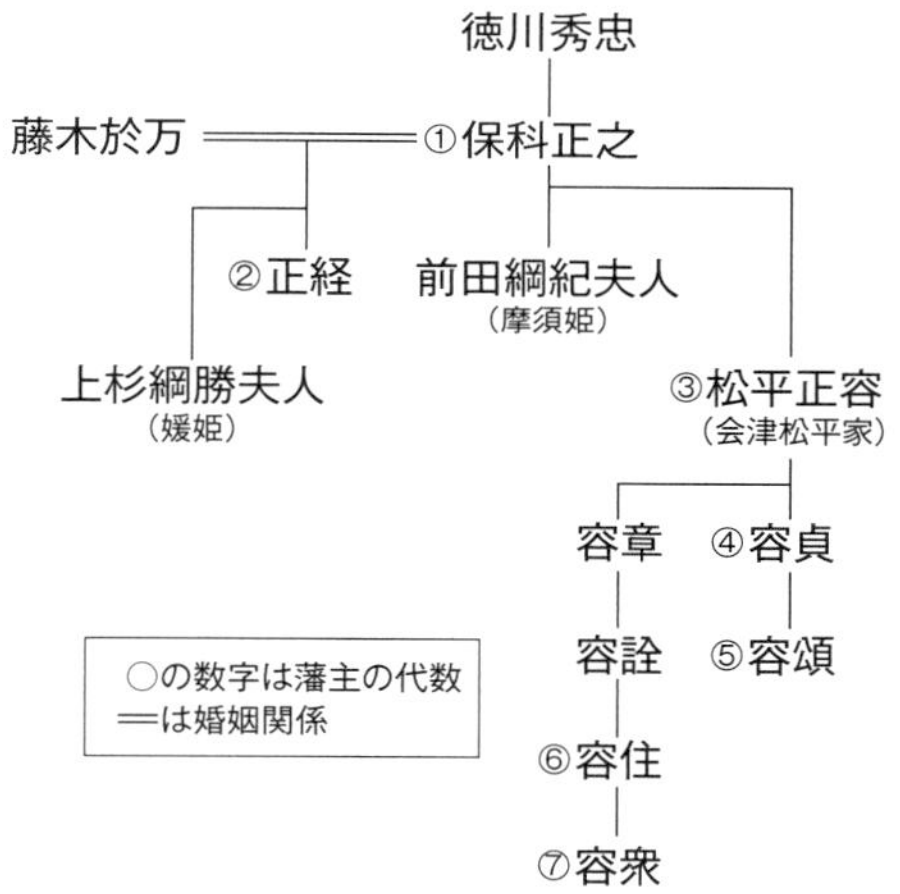

正之は、秀忠夫人であるお江の死から二年後の一六二八年になって、まず、秀忠の三男・忠長《ただなが》にお目通りした。秀忠には翌年に会ったようだが、あくまでも大御所と保科家の世子《せいし》（世継ぎ）としての対面だった。

新井白石の『藩翰譜《はんかんふ》』には、家光が鷹狩りの途中にお忍びで立ち寄った目黒の蛸薬師《たこやくし》成就院《じょうじゅいん》で、正之が自分の弟であることを住職から知らされ、初めてその存在を知ったとある。さすがにそれは違うと思うが、厚遇のきっかけになったのかもしれない。

同母弟である忠長を切腹させた家光は、その寂しさもあってか、正之を山形二〇万石の大大名に抜擢した。普通ならもとの家来の加増はほどほどにとどめて、家臣を新規召し抱えするのだが、正之は家中の者に大判振る舞いし、旧領伊那の百姓まで多くを武士に取り立てた。ただし、これは美談ではなく、身内へのお手盛りでしかない。

そののち、会津二三万石に加増されたが、このときは加増が少なかったので、新しい召し抱えも多くなかった。

ともあれ、将軍の弟として幕閣の大実力者となった正之の子女には良縁が相次いで舞い込んだ。嫡子の正経《まさつね》は加賀藩主・前田利常の娘を正室に迎え、長女の媛姫《はるひめ》は米沢藩主・上杉綱勝の正室となり、五女の石姫は春日局の曽孫に当たる小田原藩主・稲葉《いなば》正往《まさみち》の正室となった。彼女らの母は京都上賀茂《かみがも》神社の社家出身の於万《おまん》（一六二〇〜九一）だった。

そして、正之の側室が生んだ摩須姫が、加賀百万石の前田綱紀に嫁すことに決まったことから事件は起きた。媛姫が、異母妹の輿入れが決まった祝いに実家を訪れた。ところが、媛姫の生母の於万が、自分の子供でない摩須姫が、我が子が嫁いだ上杉家より格上の加賀前田家に縁づいたのを妬んで、摩須姫の御膳に毒を盛ったのだ。怪しいと感じた摩須姫のお付きの女性が機転を利かして御膳を入れ替え、なんと媛姫が死んでしまった。

もちろん、公式に発表されたわけではないが、少しあとの時代の会津藩の公式記録に伝承として書かれていることから、根も葉もない話とはいえない。上杉家の正室が正之の側室の不手際で死んでしまったことが負い目になって、正之は先に述べた上杉家のお家断絶の危機に一肌脱いだという可能性が強い（次項参照）。

一方、正之の娘婿となった前田綱紀も正之のお世話になっている。石川県と岐阜県にまたがる白山周辺では、杣取権《そまどり》（白山頂の社殿造営権）を巡って加賀・越前・飛騨の村で争いがあり、加賀藩にとって悩みの種だった。そこで、正之はまたしても身内の便宜を図る処置を下した。この周辺を幕府領にし、その代わり加賀藩には、敦賀港から陸路で運んだ荷物を積み出して京都に送る要地である琵琶湖の海津港《かいづ》（現・高島市）を与えた。つまり、当時の政府高官が親戚の所有する係争地を優良公共用地と交換させたわけだ。

◆上杉鷹山は吉良上野介の末裔だった

——“世界が尊敬する”名君と「大悪人」とを結ぶ点と線

米沢藩九代藩主・上杉鷹山《うえすぎようざん》（一七五一～一八二二）は、生前から現代まで、その高い評価にほとんど変化がない珍しい人である。破産状態にあった米沢藩を再建し、高い水準の教育、産業、福祉を実現した。その在世中から天下の信望を集め、修身の教科書に載り、地方自治体首長へのアンケートで「尊敬する人ナンバーワン」となった（二〇〇七年・読売新聞調査）。

その鷹山が、あの「大悪人」である吉良上野介《きらこうずけのすけ》の子孫だというのはちょっと衝撃的だ。鷹山は日向高鍋《ひゅうがたかなべ》藩秋月家の出身である。ただし、九州の出身ではない。現在の麻布高校の敷地にあった江戸の高鍋藩邸で生まれ、法務省の場所にあった米沢藩邸の上杉家に婿入りしたので、九州に行ったことすらないのだ。米沢で守旧派の抵抗にあったときに、「だめなら九州に帰れば良い」と言ったと童門冬二さんの小説にあるが、これはフィクションだ。

ではどうして上杉家の婿養子になったのかというと、鷹山の母方の祖母が米沢藩四代藩

〈上杉家系図〉

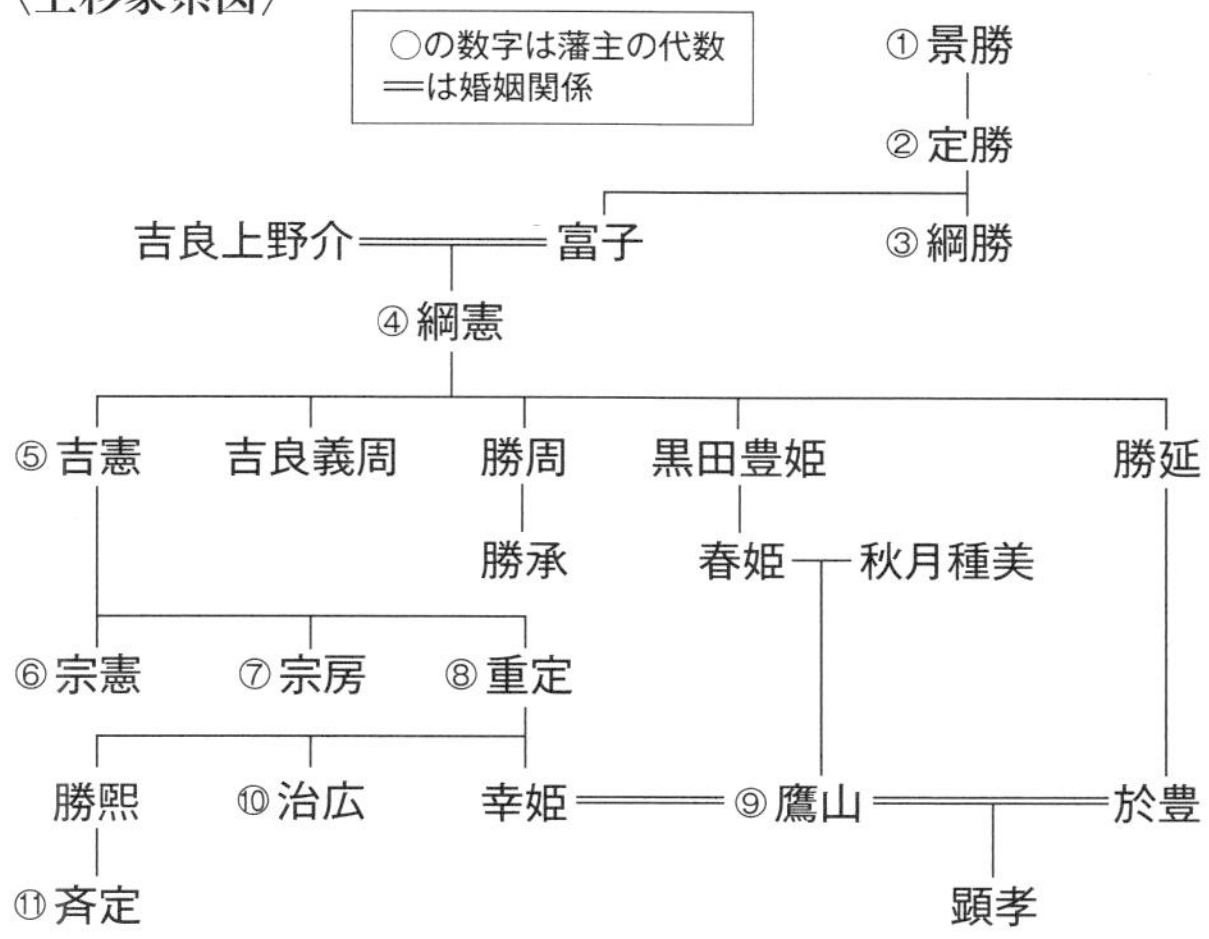

主・上杉綱憲《つなのり》の娘（豊姫）だったからだ。そして、この綱憲が、吉良上野介の長男で、成長した唯一の男子だった。母親が米沢藩二代藩主・上杉定勝の娘だった縁で、上杉家に養子入りしたのだ。

それでは、一人息子の綱憲がなぜ上杉家の養子になったかといえば、上杉家に跡継ぎがなくお家断絶の危機に陥ったからだ。

米沢藩初代藩主は「関ヶ原の戦い」の主役のひとりである上杉景勝《かげかつ》（一五五五～一六二三）だ。そして、三代目藩主・綱勝《つなかつ》の正室の媛姫は、三代将軍家光の庶弟である保科正之の息女だったから、もしこれが跡継ぎを産んでいたら上杉家の立場は盤石となるはずだった。

ところが、この奥方が実家に里帰りして変死したことは前項で紹介したとおりだ。のちに綱勝は、公家の四辻《よつつじ》家から富子を継室に迎えたのだが、跡継ぎができる前に綱勝が急死した。

このころ、大名は病に倒れてから養子を決める「末期《まつご》養子」も認められるようになっていたが、急な病気で七転八倒していたので、後継者を決めることすらできなかった。

こうしたケースではお家断絶が原則だった。しかし、将軍の叔父だった保科正之は、自分の側室の不始末で媛姫が死んだことも跡継ぎがいなかった理由のひとつだと責任を感じたのか、法をまげて救済するように横車を押した。領地半減を条件に吉良上野介の二歳の子だった綱憲を四代目としたのだ。

吉良家にとっても、綱憲は一人息子だったし、養子に出すことは大きな決断だったはずだ。吉良家と上杉家を比較すると、そもそも、官位からいえば、吉良上野介は従四位上（島津・伊達並み）で上杉綱勝は従四位下だから、吉良家のほうが上なのである。

取りつぶしは免れたものの、上杉家の領地は半分になった。また、保科、吉良という幕府中枢の二人にお世話になったが、吉良は格式を守るために贅沢を続けろといい、保科は、藩士の解雇はしないようにという意向だった。これで、上杉家はとんでもない貧乏藩になった。

五代藩主・上杉吉憲《よしのり》を経て、そのあとは、その子の兄弟が三人続いて藩主となった。そして九代藩主となった鷹山の正室は、八代藩主・重定と尾張家出身の母との間に生まれた幸姫だった。幕府との関係で大事だった尾張藩との縁を確保したいこともあり、婿養子を迎えたのだ。

だが、幸姫は発育不全の障害者であった。そこで、上杉一族の女性を「御国御前《おくにごぜん》」（国元在住の第二夫人）とした。

鷹山には実子顕孝《あきたか》があったが、まずは、養父の庶子である治広《はるひろ》を一〇代藩主とし、ついで顕孝に継がせるつもりだったが、顕孝が若死にしたので、治広の兄の子である斉定《なりさだ》を幼少のころから手元で育て、一一代目として跡を継がせた。

上杉鷹山の統治は諸侯の模範として幕府からもおおいに誉められ表彰されたが、だからといって加増があったわけでないのが、江戸幕府の硬直的なところだった。

なお、戊辰戦争では、米沢藩は父祖の地の回復を狙って越後に進出したが、鷹山の実家である高鍋藩に大敗を喫している。

第六章　江戸城を乗っ取った一橋家と江戸幕府

——系図でわかる徳川家の黄昏

東大の赤門。そもそもは加賀藩主が11代将軍徳川家斉の21女・溶姫を迎え入れた際に建設されたもの。

◆五〇人の子供の結婚はどうなった？
――幕政最大の悩みは、徳川家斉の子女の縁組み

一〇代将軍・徳川家治《いえはる》には、家基《いえもと》という聡明な跡継ぎがいたが、一八歳のときに鷹狩りに出かけて急病となり、苦しみ呻《うめ》くのを江戸城まで連れ帰ったが助からなかった。

家治の父は、八代将軍・徳川吉宗（一六八四〜一七五一）の長男である九代・家重《いえしげ》だが、これで吉宗の嫡男の系統からは将軍候補がいなくなった。

吉宗の次男の宗武《むねたけ》を祖とする田安家は、宗武の嫡男・治察《はるさと》が若くして死んだとき、残った二人の男子はそれぞれ伊予松山藩と奥州白河藩に養子に出されていて戻れなかった。これで宗武の徳川家での血筋は断絶した。

田安家潰しは、家重の腹心だった田沼意次《たぬまおきつぐ》の陰謀だといわれるが、何かと兄の将軍・家重と張り合った宗武の子孫を将軍後継から外したいというのは、家重本人とその周辺にとっては当然の考えだっただろうから、田沼だけの意向によるものとは思えない。なにしろ、将軍になった家重は、宗武に面会すら許さなかったほどの仲の悪さだった。

そこで、吉宗の三男である一橋家初代・宗尹《むねただ》（一七二一〜六五）の孫・豊千代（のちの家斉）

を後継とすべく、意次らと宗尹とが結びついた。豊千代の母は岩本政利という二〇〇石取りの旗本の娘だったが、田沼意次とは家重の小姓時代の仲間で、その父も意次の父とともに紀州から吉宗に連れられてきて、いずれも吉宗の小姓であった。いわば紀州出身旗本（仲良し）二世グループである。吉宗は紀州藩主から将軍になったときに、少数だがお気に入りの側近を幕臣に取り立てたのである。

このように、意次は宗尹と組んで、自由に操れる将軍後継者を選んだつもりだった。ところが、宗尹のほうが一枚上だった。宗尹は、意次の不人気もあるし、どうせ意次が自分の思い通りに動くはずもないと考えたのか、意次罷免を図る御三家や松平定信（一七五九～一八二九）のグループと手を組んだのである。

松平定信は田安宗武の子だが、白河藩という一〇万石の大名の養子に出されていた。定信は、実家の田安家が兄・治察の死後に断絶させられたことを恨んでいた。

こうして、宗尹の孫の徳川家斉《いえなり》（一七七三～一八四一）が一一代将軍に就任するのと入れ替わりに、田沼意次は失脚し、定信が老中になった。しかし、定信は、家斉の父である治済《はるさだ》が西ノ丸に入り、大御所のような形で権力を振るおうとしたことを拒否したのが遠因となり、老中を失脚した。

「寛政の改革」と呼ばれた定信の敷いた路線は、「寛政の遺老」と呼ばれる老中たちによってややマイルドに緩和されつつも継続されたが、反動的で無為無策だった。

将軍家斉は、数十人の側妾をかかえて、五〇人もの子供をもうけた。しかも、再娘が普通だった戦国時代と違って、一度、将軍に召された女性はそのまま大奥に留まり、将軍が死んでも尼となって菩提を弔う習慣だったから、ますます費用がかかった。

子の数があまりにも多すぎて、吉宗のように、「御三卿《ごさんきょう》」（徳川氏の一族から分立した、田安家、一橋家、清水家の三家）などという制度をつくって一人一〇万石ずつ配るわけにもいかない。かといって室町時代のように出家させて僧にさせるのも時代に合わなかった。

将軍の娘たちについても、何かと物入りな姫君を迎えることができる余裕のある大名家がそうあるわけでない。幕政の中心的な課題の一つは、これら将軍の子供の養子先、輿入れ先の確保ということになってしまった。

具体的に誰がどこに養子に行ったかは、左の系図の通りだが、御三卿の清水家（九代将軍・家重の次男重好《しげよし》が初代）と田安家のほか、尾張、紀伊、鳥取、津山、浜田、徳島、福井、川越、明石の各藩主家である。そして、娘が輿入れしたのは、尾張徳川、水戸、長州、福井、会津、高松、佐賀、姫路、加賀、広島、一橋の各家だ。

〈一橋家系図〉

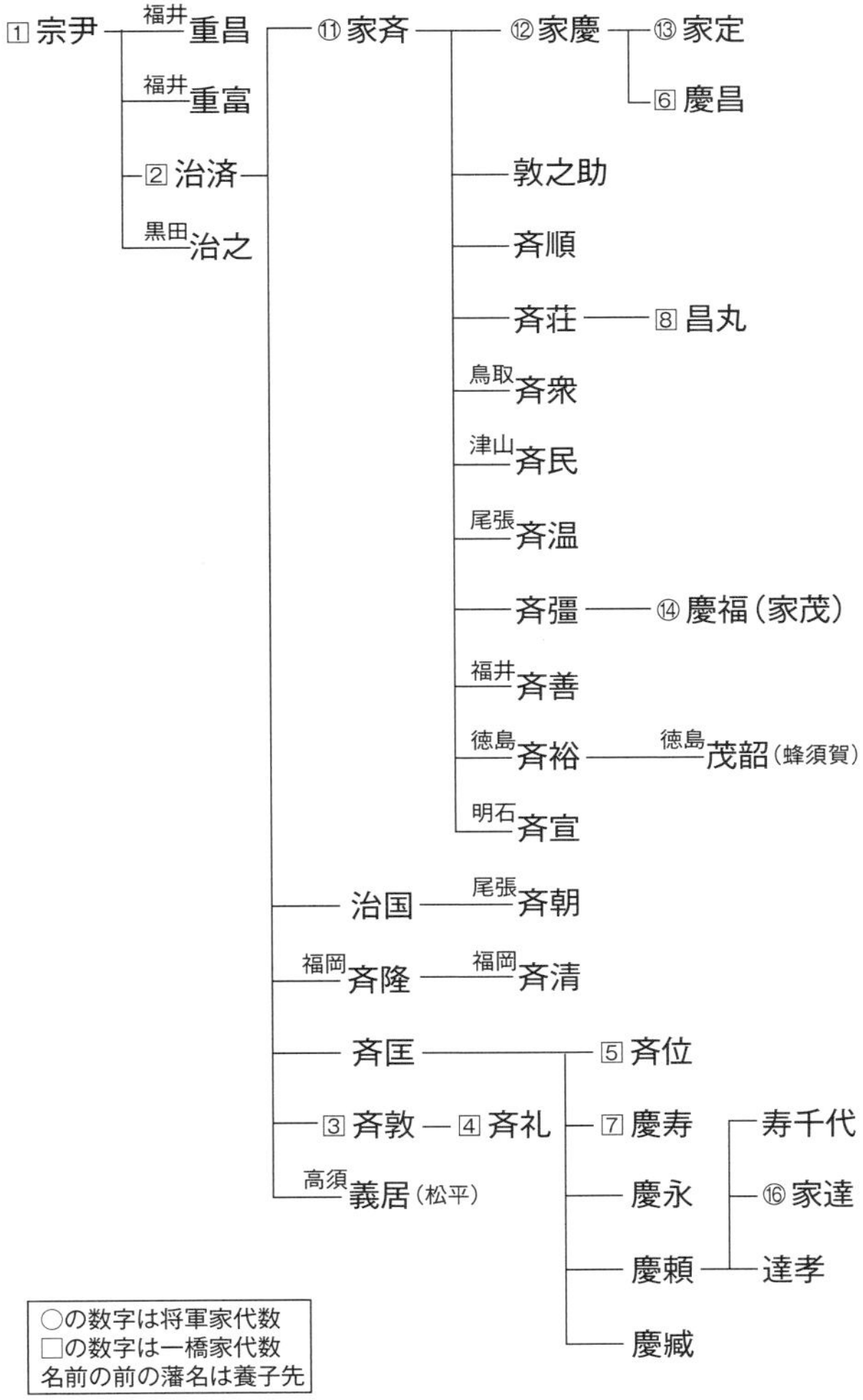
1 宗尹
福井 重昌
福井 重富
2 治済
黒田 治之
⑪家斉
⑫家慶
⑬家定
6 慶昌
敦之助
斉順
斉荘
8 昌丸
鳥取 斉衆
津山 斉民
尾張 斉温
斉彊
⑭慶福（家茂）
福井 斉善
徳島 斉裕
徳島 茂韶（蜂須賀）
明石 斉宣
治国
尾張 斉朝
福岡 斉隆
福岡 斉清
斉匡
5 斉位
3 斉敦
4 斉礼
7 慶寿
寿千代
⑯家達
高須 義居（松平）
慶永
慶頼
達孝
慶臧
○の数字は将軍家代数
□の数字は一橋家代数
名前の前の藩名は養子先

◆野武士の家？　の養子になった将軍の子
――徳島藩・蜂須賀家に迎え入れられた事情

明治期以降、かつての殿様一家と地元の関係は、必ずしも親密なわけではなかった。廃藩置県で藩がなくなり、殿様一家はいったん東京に引っ越した。だから、その後は地元に住まず、別邸があるくらいというのが普通だったせいもある。

しかし、地元の発展のためにさまざまな事業をしている殿様が多かった中で、徳島の蜂《はち》須《す》賀《か》家は冷淡といわれた。これには理由がある。

明治になって、徳島藩の最後の藩主となった蜂須賀茂韶《もちあき》（一八四六～一九一八）は、宮中の応接室にあった煙草をポケットに入れたのを明治天皇にみつかり、「先祖は争えんのう」と天皇にからかわれた。そこで、学者に頼んで、蜂須賀正勝《まさかつ》（一五二六～八六）が野武士ではなかったことを証明しようとしたという話がある。

三河国矢作《やはぎ》川の橋の上で寝そべっていた浪人時代の秀吉（日吉丸）と野武士の頭目だった蜂須賀正勝（小六《ころく》）の出会いは、『太閤記』で喧伝され、子供たちの胸をわくわくさせた。

蜂須賀正勝は、かつては自分の手下ながら織田信長の正式な家来になった秀吉（藤吉郎）

の説得で、墨俣城《すのまた》（岐阜県大垣市）の築城に協力することを条件に正式の侍として信長に取り立てられたといわれるが、これが後世の蜂須賀侯爵は気に入らなかったのだ。

正勝は、早くから秀吉に属し、織田信長の家臣となってからは秀吉の与力とされ、竹中半兵衛とともに秀吉を支えた。筆頭家老という位置づけだった。

当初は播州龍野《ばんしゅうたつの》城主だったが、秀吉の四国平定後、秀吉は正勝に阿波一国を与えようとした。しかし、正勝は高齢のために辞退し、子の家政《いえまさ》にと所望して、異例のことだが聞

〈徳島藩・蜂須賀家系図〉

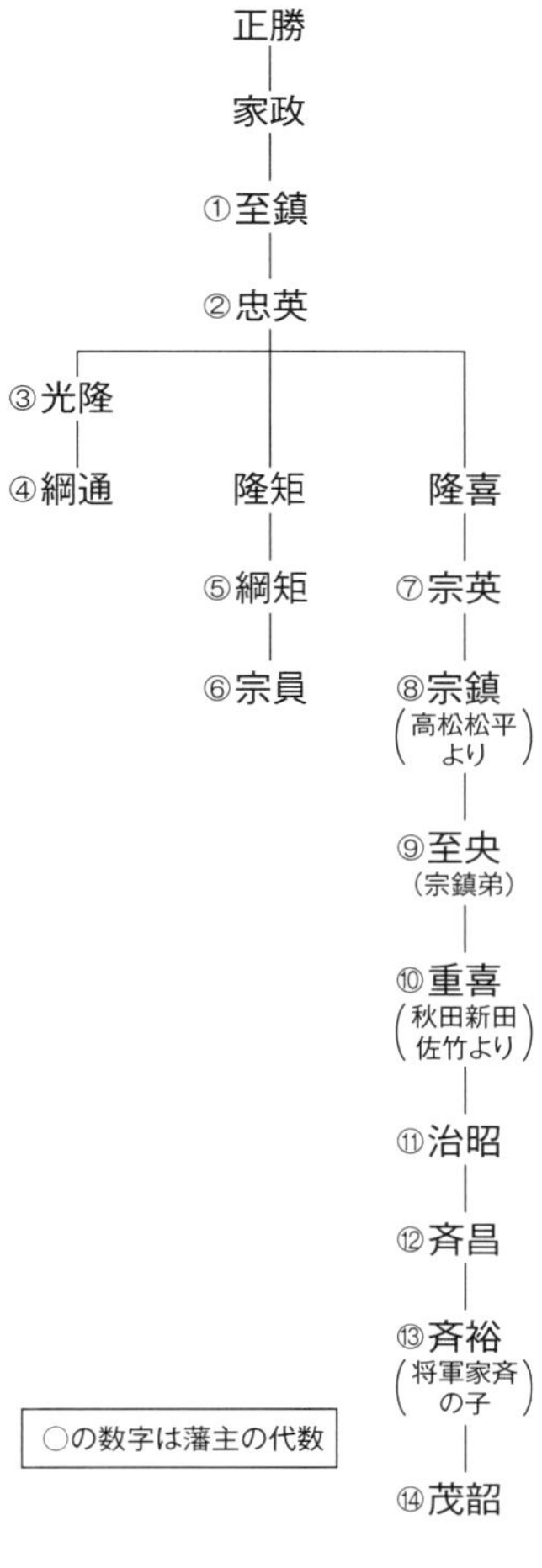

き入れられた。当時は親が死んだら子がそのまま領地をもらえるとは限らなかったから、これは特別の配慮だ。

家政は阿波に入って、海に近い徳島に築城し、吉野川を分水して河口港とした。ちなみに、江戸時代には別宮川と呼ばれ、本流とはみなされていなかったが、明治以降はこちらが本流と受け取られ、元の本流は旧吉野川と呼ばれている。

「関ヶ原の戦い」では、石田三成と不仲だった家政は、いったん領地を秀頼に返上して中立の立場に立った。しかし、子の至鎮《よししげ》は、家康の会津攻めに少数の家臣とともに同行しており、東軍についた。関ヶ原ののち、改めて家康から至鎮に阿波が与えられ、家康の養女（曽孫。小笠原秀政と信康の娘の子）と結婚した。

「大坂冬の陣」では本格的に開戦する前に豊臣方の木津川口の砦を奪取したが、豊臣譜代筆頭の蜂須賀家の決断は、豊臣系大名の迷いを絶つものとなり、その功績が認められて、淡路も与えられた。

しかし、のちに、阿波徳島藩七代藩主・蜂須賀宗英《むねてる》に男子がいなかったので、高松藩松平家の分家から宗鎮《むねしげ》を婿養子に迎え、跡を継がせた。しかし、宗鎮も正室との間にもうけたのは、のちに公家の三条家に嫁した娘のみであった。

　宗鎮はそれまでに蜂須賀家の血筋から重矩《しげのり》、次いで重隆を養嗣子としていたが、重矩は早世し、重隆は廃嫡したので、実弟の至央《よしひさ》を迎えて家督を譲った。しかし、至央は相続後、六〇日余で没し、末期養子として、優秀だと評判だった出羽秋田新田藩主の佐竹家から重喜《しげよし》を迎えた。

　重喜は、廃嫡された重隆の子の蜂須賀喜憲《よしのり》を家臣扱いにしてしまい、これで、蜂須賀正勝の血統に藩主が戻ることはなくなった。重喜は、藍の専売制や人材登用を軸とした改革を試みたが門閥派に阻まれ、幕府から隠居させられた。

　その後、重喜の子の治昭《はるあき》、孫の斉昌《なりまさ》と続いたが、これも途絶えたので、一三代目には将軍家斉の子である斉裕《なりひろ》を養子に迎えた。その息子が、先に明治天皇とのエピソードを紹介した一四代・蜂須賀茂韶だ。

　茂韶は、「鳥羽伏見の戦い」では、大津にあって幕府軍の東からの来襲に備えた。自分は、将軍の孫であるから、蜂須賀家の当主であることは不本意というところがある一方、将軍なんぞ自分と同格という意識もあったので、将軍家が天皇の下で自分たちと同じ一大名になるのに抵抗がなかったのである。フランス公使、東京府知事、貴族院議長となり、大相撲の振興や北海道空知《そらち》地方の開発にも貢献した。

◆幕藩体制の葬儀委員長・徳川慶勝
――幕末に活躍した四人の殿様（高須四兄弟）の明暗

揖斐《いび》川と長良川の間にある岐阜県海津市には、尾張藩の支藩である美濃高須《たかす》藩（三万石）があった。尾張藩祖・徳川義直の孫に始まる分家で、一〇代藩主の義建《よしたつ》（一八〇〇～六二）は、尾張藩主の徳川慶勝《よしかつ》（一八二四～八三）、同じく茂徳《もちなが》（一八三一～八四。のちに一橋家を継ぐ）、会津藩主の松平容保《かたもり》（一八三六～九三）、桑名藩主の松平定敬《さだあき》（一八四七～一九〇八）という幕末に活躍した四人の殿様（高須四兄弟）の父である。

義建の父義和《よしなり》は水戸家の出なので、家康の一一男で水戸藩祖の水戸頼房の子孫ということになる。高須藩の最後の藩主となった徳川義勇《よしたけ》は義建の一〇男である。

二条城にあった徳川慶喜に「王政復古の大号令」を伝える役目を押し付けられたのは、福井藩主の松平春獄と尾張藩主の徳川慶勝である。この慶勝という徳川御三家筆頭の殿様が、幕末維新において果たした役割は、なかなか重要である。いわば、幕藩体制の葬儀委員長ともいうべき存在だった。

すでに書いたように、尾張藩では徳川吉宗に反抗を繰り返した七代藩主宗春の隠居謹

〈高須四兄弟の系図〉

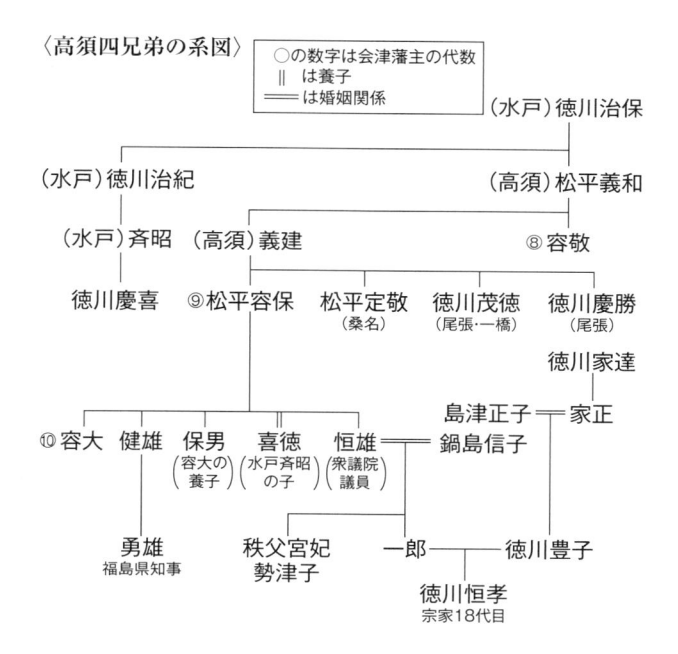

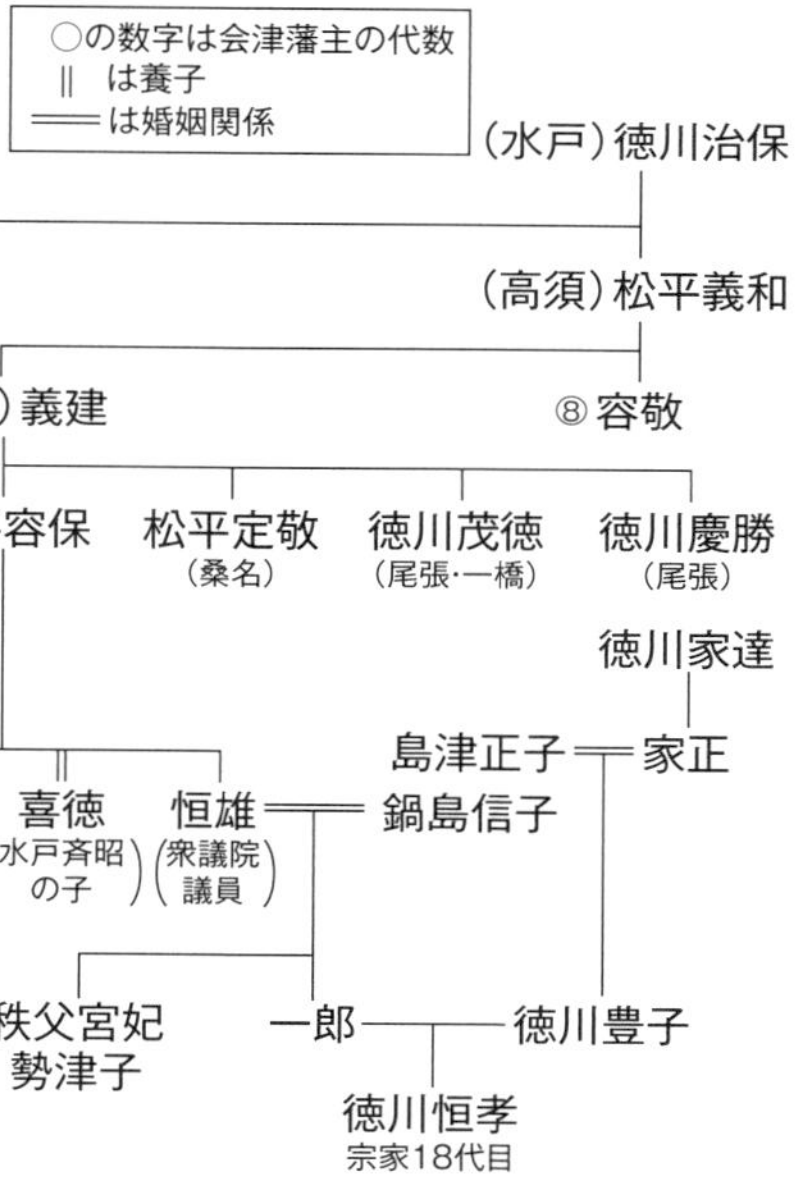

慎の事件があり、そのあとの九代宗睦に嗣子がなかったことから、一〇代目から一三代目まで紀州系の藩主を押し付けられていた。

慶勝は血統的には水戸系だが、尾張藩支藩の高須藩出身ということもあり、反紀州系の象徴としての期待がかけられて一四代尾張藩主となった。

しかし、慶勝は、井伊大老の日米修好通商条約調印に水戸斉昭らとともに反対し、幽閉されたので、弟の茂徳が尾張藩主を継いだ。その後、慶勝の処分が解けて将軍補佐として重い存在になると、佐幕的だった茂徳の地位は不安定になり、隠居した。ただし、茂徳はのちには一橋家を継ぐことになり、慶勝の子の慶宣《よしのり》が次の藩主となった。

慶勝は、第一次長州征討の征長総督になったが、穏便な措置で収め、長州の延命を可能にし、第二次征長には反対した。大政奉還後は新政府の議定に任ぜられた。

「鳥羽伏見の戦い」のあと帰藩して、藩内の佐幕派一四名を一斉検挙し、「朝命により」死罪とした（一八六八年「青松葉事件」）。随分と非情な措置であったが、幕藩体制との決別のためには藩内外にかなりの宣伝効果があった。そののちも、尾張藩は中部地方の各藩から勤皇の請書を集める窓口となり、さらに東征軍が編成されると、官軍の主力として中山道から東北にかけて戦った。

会津藩では、保科正之の血統は七代・容衆《かたひろ》で終わった。養子として届けられていた高須藩主・松平義和《よしなり》の子である容敬《かたたか》が家督を相続した。この容敬はなかなか聡明な人物だったらしいが、これも子がなかったので、甥に当たる容保が養子になった。

桑名藩松平家は、伊予松山藩松平（久松）氏の分家だが、寛政の改革を進めた老中・松平定信が養子に入っていた。しかし、藩主の子が幼少だったため、美濃高須藩松平氏から定敬が養子に入って藩主となった。

定敬は、京都所司代として、京都守護職だった兄の松平容保を助けた。一橋慶喜とともに、会津藩主・松平容保、桑名藩主・松平定敬の三人は「一会桑《いちかいそう》」と呼ばれている。「鳥羽伏見の戦い」では、敗軍の将となった容保・定敬兄弟は、慶喜に拉致されるようにして、藩士たちを置いたまま江戸に連れていかれた。

こののち、桑名での状況は、藩主である定敬を無視して展開していく。藩主に見捨てられた敗軍は、大坂から紀州路経由で帰藩したが、下級藩士たちが恭順謝罪することを主張した。先代藩主の子で一二歳になる万之助を藩主にして恭順することになり、一月二八日には桑名城の本丸隅櫓《すみやぐら》に火を放って降伏の儀式とした。

江戸の定敬は徹底抗戦を訴えたが慶喜に相手にされず、登城禁止となった。定敬は長岡藩がチャーターしたプロシャ船で、長岡藩家老の河井継之助《かわいつぐのすけ》らとともに箱館まわりで新潟に着き、桑名藩の飛び地である柏崎に逃げ込んだ。会津攻防戦に参加し、箱館にたどり着いたが、桑名から家老が来て横浜に連れ戻した。定敬はいったん上海に逃げたが、兄の慶勝の尾張藩に預けられた。

◆徳川慶喜と有栖川宮家の深い縁
――高松宮妃殿下のご結婚は公武合体か

大正天皇の第三皇子である高松宮宣仁親王《たかまつのみやのぶひと》（一九〇五～八七）の喜久子妃殿下は、徳川慶喜（一八三七～一九一三）の子慶久《よしひさ》の娘である。そこで、このお二人の結婚を、公武合体を実現したものだという人がいるが、経緯からすれば、妃殿下の母親が有栖川宮家《ありすがわのみや》出身だからという理由で妃に選ばれたというのが正しい。

高松宮は、有栖川宮家の屋敷がかつてあった京都姉小路通《あねやこうじどおり》の高松殿に由来する。有栖川宮威仁《たけひと》親王（一八六二～一九一三）が、子の栽仁王《たねひとおう》に先立たれたまま一九一三年に亡くなられ、有栖川宮家は断絶した。大正天皇は、特旨をもって八歳だった宣仁親王に高松宮の号を与え、有栖川宮の祭祀を受け継ぐよう取りはからった。

威仁親王の娘が徳川慶久と結婚し、その子が、高松宮親王の妃となった喜久子である。徳川慶喜の母親・吉子《よしこ》も有栖川家出身だから、高松宮殿下と喜久子妃殿下の結婚は、二重の意味で有栖川宮家とつながっている。

慶喜の父である水戸藩主・徳川斉昭（一八〇〇～六〇）の生母は公家の外山《とやま》氏、父方の

〈有栖川宮家系図〉

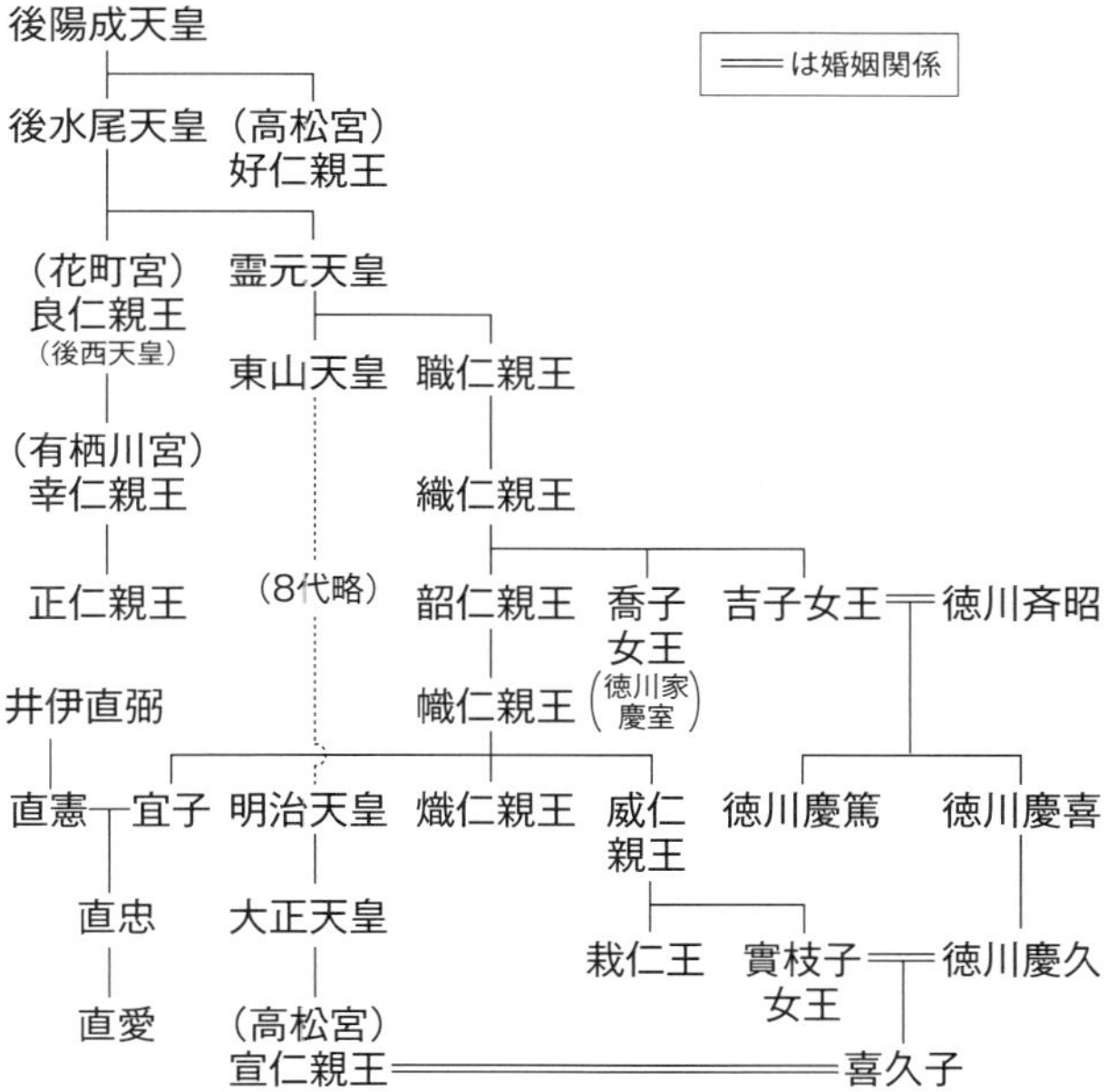

祖母は一条道香《みちか》（後陽成天皇の男系子孫）であるから、皇族・公家の血を濃厚に受け継いでいる。また、斉昭の妹の清子が関白・鷹司《たかつかさ》政通《まさみち》の夫人であり、慶喜の異母妹である茂姫（貞子）は、かつての和宮の婚約者である有栖川宮熾仁《たるひと》親王と結婚している（子供はない）。

その慶喜が紀州系の一橋家に養子に入った事情は、時の一二代将軍・家慶《いえよし》が、慶喜の器量を評価して、徳川家の後継候補のひとりとして決断したなどという人もいるが、これは怪しい。

このころ、七郎麿（のちの慶喜）は、軟弱に育てたくないとの斉昭の希望で水戸にいたので、慶喜は家慶に会ったことすらないからだ。

それよりも、七郎麿の母が、家慶の正室である有栖川宮喬子《たかこ》の妹だったので白羽の矢を立てたとみるほうが自然だ。いずれにしても、この一橋家を継ぐことによって慶喜は将軍候補になったのである。

慶喜が江戸開城後に隠居したのち、徳川宗家は、田安家から家達《いえさと》が養子に入って継いだ。このために、慶喜の四男だった厚は男爵となった。のちに、慶喜が公爵となって別家を立て、これを継いだのが七男で、高松宮妃殿下の父親である慶久である。

ところで、水戸斉昭には多くの子供がいたが、斉昭は尊皇攘夷をかかげる当時の大スターでもあったので、子らは多くの大名家に養子に入り、それぞれ数奇な運命をたどった。

斉昭の子のうち、慶喜の同母兄の慶篤《よしあつ》は、水戸藩を継いだが、指導力に欠け、幕末に「天狗党の乱」などの内紛になすすべがなく、藩内で多くの犠牲者を出した。

斉昭の八男の松平直侯《なおよし》は、川越藩主となったが若くして死んだ。一〇男の松平武聰《たけあきら》は、浜田藩主となったが、第二次長州征討で、長州軍に領内に攻め込まれ落城という屈辱を味わい、美作《みまさか》鶴田（岡山県）の飛び地に移った。

五男の池田慶徳《よしのり》は鳥取藩主となったが、尊皇攘夷の姿勢を明確にした。九男の池田茂政《もちまさ》は、のちに岡山藩主となり、慶喜追討の東征軍に参加を求められるが、兄と戦うことを嫌って隠居した。

一一男の喜連川縄氏《きつれがわつなうじ》は、関東公方足利氏を引き継ぎ、喜連川藩主となった。

一七男の土屋挙直《つちやしげなお》は土浦藩主、一八男の徳川昭武《あきたけ》は、清水徳川家から水戸藩一一代藩主となった。明治になって慶喜のよき遊び仲間だった。

二二男の松平頼之《よりゆき》は水戸藩支藩の守山藩主、一六男松平忠和《ただかず》は島原藩主、一九男松平喜徳《のぶのり》は、初め会津藩主・松平容保の養子だったが、のちに守山藩主になっている。

◆井伊直弼が殿様になった偶然の事情
――庶民的行動派だったがゆえの悲劇

ＮＨＫの大河ドラマの第一作目は、東京オリンピックの前年、昭和三八年（一九六三年）に放映された井伊直弼《いいなおすけ》（一八一五～六〇）が主人公の「花の生涯」だ。このタイトルが生まれたのは、彦根藩の部屋住み生活が三一年、それから世子になって藩主になるまでが四年、さらに藩主になってから桜田門外における悲劇的な死までは一〇年だが、大老を務めたのはわずか二年足らずだったことにちなむ。彼の生涯はまさにパッと咲いてパッと散った桜の花の生涯のようであったからだ。

直弼は、彦根藩主直中《なおなか》の一四男で、母親は江戸 隼《はやぶさ》 町の商人伊勢屋（君田）重兵衛の娘だった。この時代には殿様の子でも跡継ぎ以外は、他大名や家臣の家に養子に出ることが普通で、直弼も藩主となるような立場ではなかった。

直弼の兄弟たちを、夭折した者など除いて紹介すると、彦根藩主になったのは、盛岡藩南部氏から来た正室の子で嫡男だった三男の直亮《なおあき》と直弼だ。

ほかの大名家に養子にいったのは、豊後岡藩に中川久教《ひさのり》（七男）、三河挙母《ころも》藩に内藤政《まさ》

〈井伊家系図〉

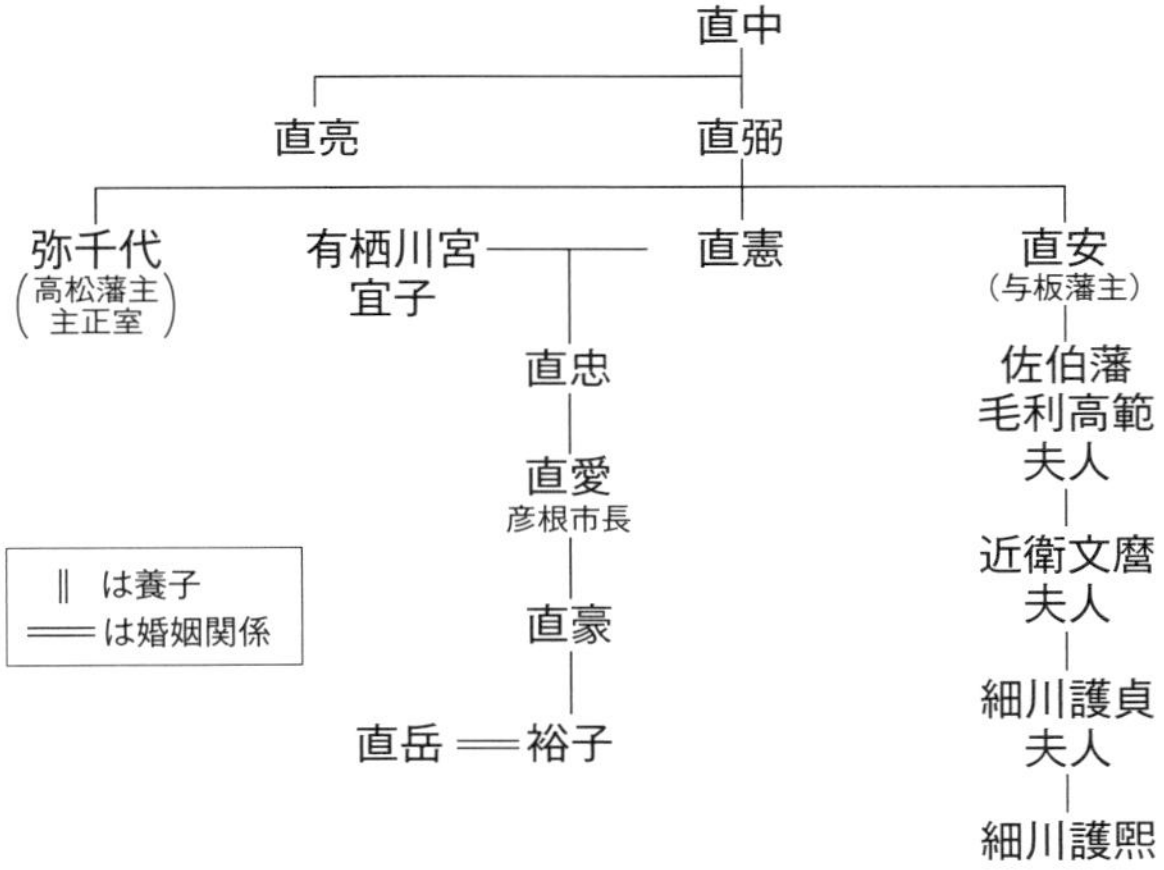

成《なり》（八男）と政優《まさひろ》（一三男）、日向延岡藩に内藤政義《まさよし》（一五男）、下総多胡藩に松平勝権《かつのり》（九男）と五人いた。

そして、家臣の養子になったのが、中野中《なか》顕《あき》（六男）と横地義之《よこちよしゆき》（一二男）で、新野親《にいのちか》良《よし》（一〇男）は井伊直虎の母親の実家の新野家を再興し、名乗らせた。

姉妹たちは、徳島藩蜂須賀氏、延岡藩内藤氏、高田藩榊原氏、島原藩松平氏とそれなりの縁組みをしている。

直弼も二〇歳のときに、弟とともに江戸屋敷から呼ばれ、養子のもらい口を探したが、弟のほうは延岡内藤家を継ぐこととなったのに直弼にはお呼びがかからず、直弼は悄然と彦根へ帰り、「埋木舎《うもれぎのや》」と名づけたお堀端の屋敷で暮らしていた。

そして、一七九四年、直中の嫡男の直亮が跡を継いで藩主となった。しかし、直亮には子がなく、弟の一一男で直元を養嗣子にしていた。

ある時期、直弼には長浜（滋賀県長浜市）にある大通寺という寺の跡継ぎにならないか、という話があった。伏見城の遺構を移したという東本願寺派の有力寺院で、法主《ほっす》の近親者が世襲していたが、たまたま適当な継承者がいなかったので打診があった。

直弼もまんざらでもなかったらしいのだが、彦根藩としては、藩主の養嗣子の直元に子がいなかったので、万が一を考え、申し出を断ると指示されて直弼はがっかりしたという。

しかし、一八四六年、その直元が江戸で死んでしまった。そこで、直弼を世継ぎとするのですぐに江戸へ下るようにとの命が江戸から来た。ペリー来航の七年前だった。

一八五〇年、直亮が死んで、直弼が一五代彦根藩主となる。江戸では、田舎育ちの直弼に洗練された立ち居振る舞いは無理で、「彦根の鈍牛」などといわれていたという。

そして、一八五八年、直弼は大老となった。老中松平忠固《ただかた》（信濃上田藩主）が、自分の意のままに動くロボットにできると踏んでの人選だったが、直弼はたちまち独裁者として振る舞いだした。毎日登城し、老中の会議にも出席した。いってみれば、それまでの大老は代表権のない会長だったのが、直弼は代表権がある会長として振る舞ったのだ。

直弼は、将軍後継は強引に紀伊藩主の慶福《よしとみ》（家茂《いえもち》）とし、孝明天皇が条約締結に反対して譲位を口にすると、「承久の変の前例もある」と天皇を処罰する可能性まで口に示した。

さらに、水戸藩関係者などを「安政の大獄」で罰した。直弼の政策は、理屈はあっているものの、前例を無視したやり過ぎで、「桜田門外の変」（一八六〇年）で暗殺されたのは、そういう意味では自業自得だった。

大名がこのような形で横死した場合、藩は原則として改易である。もちろん、直弼を襲った水戸藩の責任も問わなくてはならない。そこで、混乱を避けるため、老中安藤信正は、直弼が大老を辞職し、しかるのちに病死したと公表させた。しかし、「文久二年の政変」（一八六二年）で、この一件で事実を偽ったとして、彦根藩は二〇万石に減封された。

幕府側のこの理不尽な扱いが、彦根藩をして、王政復古のあと諸大名にさきがけて新政府支持にまわらせた。そして、「鳥羽伏見の戦い」では薩摩藩に協力し、関東に出兵して近藤勇を捕縛する大功を立てさせたりしたのである。

第七章　江戸幕府の内側から始まった明治維新

——倒幕のエネルギーを系図から解き明かす

現在の桜田門。「桜田門外の変」をはじめとする様々な幕末維新の事件の背後で交錯する人間関係とは？

◆光格天皇という知られざる賢帝
――「生前退位」で注目された一一九代天皇

陛下の退位問題について、「光格天皇以来《こうかく》」という見出しが新聞でも見られた。今上天皇が二〇一八年に退位すれば、光格天皇以来二〇〇年ぶりの「生前退位」ということになる。

一一九代光格天皇（一七七一～一八四〇）は、先代の後桃園《ごももぞの》天皇の遠い親戚で、男系男子の原則にしたがって天皇になった。光格天皇の退位について参考にしたいと陛下から要望があったそうだが、皇位継承についても光格天皇が前例として参考になるだろう。

一一四代中御門《なかみかど》天皇には六人の皇子と八人の皇女がおられたが、一一五代桜町天皇以外は出家し、桜町天皇は一一六代桃園天皇のみが皇子だった。桃園天皇には一一八代後桃園天皇と貞行《さだもち》親王がおられたが、桃園天皇が崩御したときには、後桃園天皇はまだ五歳だったので、桜町天皇の皇女の一一七代後桜町天皇が中継ぎ的に即位した。しかし、貞行親王は、伏見宮を継いだあと夭折、一人残った一一八代後桃園天皇も二一歳で急逝した。後桃園天皇には、崩御の年に生まれた欣子《よしこ》内親王がおられただけだった。

そこで、欣子内親王のお相手が人選され、年齢が近い伏見宮貞敬《さだゆき》親王と閑院宮祐宮《かんいんのみやさちのみや》家の師仁《もろひと》親王の二人が候補となった。後桜町上皇と近衛《このえ》内前《うちさき》は前者を推したが、関白九条尚実らが後者を推して、一〇日間に及ぶ議論の末に後者に決した。これが光格天皇である。

光格天皇の生母・磐代《いわしろ》の父は伯耆国倉吉《ほうきのくにくらよし》を領した鳥取藩家老荒尾家の家臣・岩室常右衛門。磐代が九歳のときに上京して医師となり、中御門天皇の内親王に仕えた。内親王は閑《かん》

〈伏見宮家と天皇家系図〉

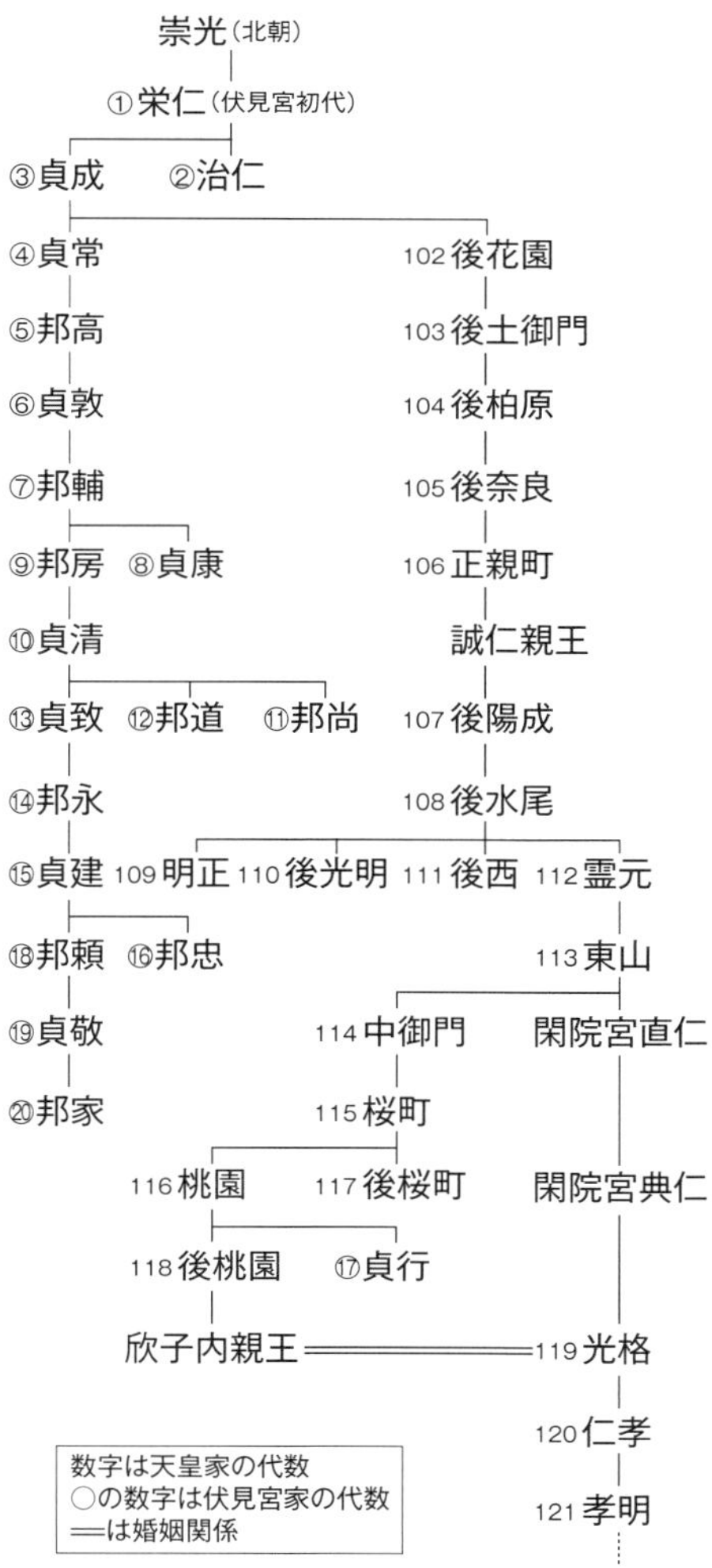

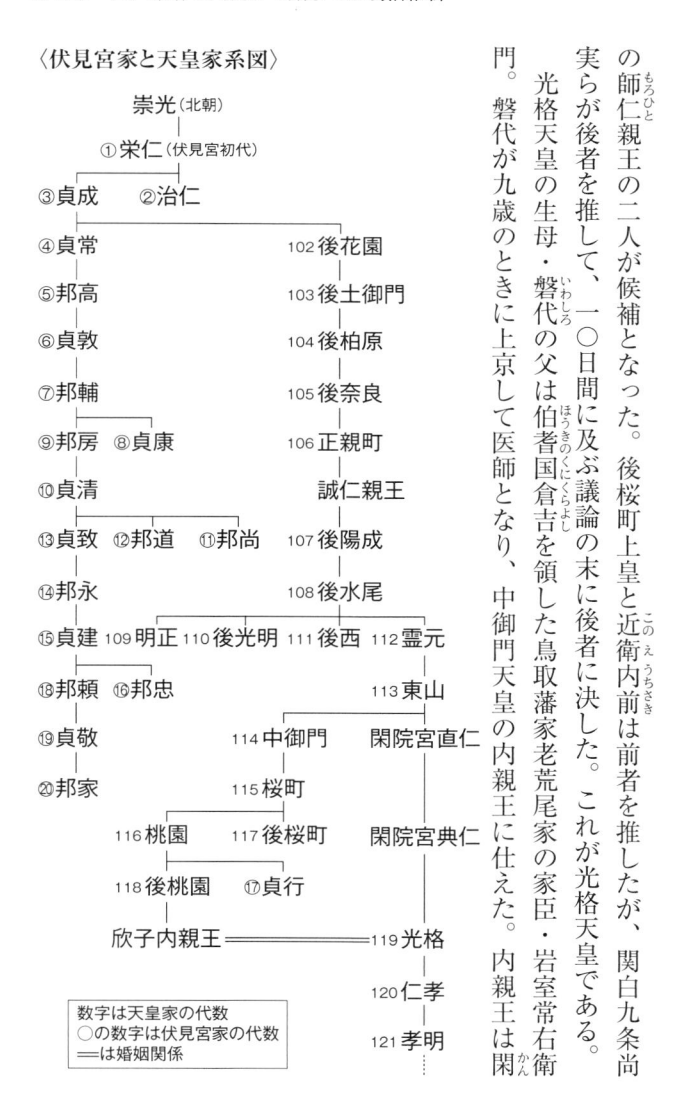

院宮典仁親王と結婚したが子がなかったので、磐代が家女房（側室）となり、師仁親王を生んだ。

光格天皇は、一〇代将軍・家治の時代に即位され、一一代将軍・家斉の時代の中盤まで在位された。長生きされたので、家斉と同じ時期に亡くなった。

当時の幕閣の実力者は、「寛政の改革」を行った松平定信だった。定信はインテリだけに勤皇の志が篤く、将軍家斉にも「六十余州は朝廷からの預かり物であり、ゆめゆめ自分のものであるなどと考えてはいけません」と諭していたくらいだった。これは、将軍のわがままを抑える趣旨もあった。

ところが、定信は堅物なので、家斉が父の一橋治済を西ノ丸に迎えることに反対したし、光格天皇が父の典仁親王に太上天皇の称号を与えようとしたことにも反対し、騒動になった。光格天皇は後桜町上皇から「皇室の長久こそ孝行だ」となだめられ、矛を収められたのだが、天皇としては口惜しい思いをなさったわけである。

しかし、定信には京都御所を現在のような形にしたという功績もある。このころ、京都御所が焼失したので、再建することになったのだが、それまでの御所は書院造りの影響が強い武家様式と貴族様式の折衷的なものだった。それを古式に則ったものにしたいと天皇が望まれたところ、定信は了承し、規模は天皇の希望より小さかったものの、紫宸殿《ししんでん》や清涼殿については、だいたい、復元構想が実現した（現在のものは、このときのものが安政年間に焼けたあと、同様に再建したもの）。

この光格天皇のときから、崩御後の天皇の呼び名のイメージが復古調のものになった。それまでは「追号《ついごう》」といって、御所のあった場所などから名をとったり、敬愛する過去の天皇に「後」をつける「加後号」だったりするのに対して、明法博士などによって選定された「諡号《しごう》」になった。光格天皇の跡を継がれた仁孝《にんこう》天皇（一八〇〇～四六）によってなされたもので、なんと九五〇年ぶりのことだった。

光格天皇には多くの皇子がいたが、成長されたのは仁孝天皇だけで、一八歳のときに譲位を受けられた。さらにその跡を継いだのが孝明天皇（一八三一～六七）である。母となったのは、正親町《おおぎまち》雅子だ。正親町家は、西園寺家の分家である洞院《とういん》家のまた分家だ。有名な皇女和宮《かずのみや》は、橋本（西園寺分家）経子が仁孝天皇の崩御後に生んだ子である。

また、仁孝天皇の女御《にょうご》（正室に近い称号）だった鷹司《たかつかさ》繋子《つなこ》は若くして亡くなったが、一八二四年に皇后の称号を遺贈された。後宇多天皇の奨子《しょうし》内親王に贈られて以来、五百年ぶりの贈皇后である。

◆西軍・島津家を御三家並みにした綱吉の養女
――篤姫より先に茂姫という薩摩出身の御台所を送り込む

関ヶ原の敗者である島津家が、幕末にあって徳川御三家並みの格を幕府から認められて政局の中心になったというのは不思議な話だ。実は、その淵源は五代将軍・綱吉の養女で公家出身の竹姫《たけひめ》（一七〇五～七二）という一人の女性の政治力にあった。

薩摩の島津家から出た将軍御台所《みだいどころ》（正室）というと、大河ドラマになった一三代将軍・家定の継室・篤姫《あつひめ》（一八三六～八三）が有名だが、それより前の、一一代将軍・家斉の御台所の茂姫も薩摩藩八代藩主・島津重豪《しげひで》の娘である。

将軍の御台所は、徳川が天下を取る前に結婚していた二代将軍・秀忠の「お江《ごう》」を別にすれば、篤姫と茂姫以外は、すべて、皇族か五摂家の出身なのであるから、島津から二人というのは、まったく、特別な扱いである。

関ヶ原で敗れて取り潰しの可能性におびえる外様大名だった島津氏を、徳川御三家並みの一門に押し上げた竹姫とはどのような人物だったのか。

ＮＨＫ大河ドラマ「八代将軍吉宗」で、吉宗が、綱吉の養女で大奥で育てられた竹姫と

〈島津重豪の子孫の系図〉

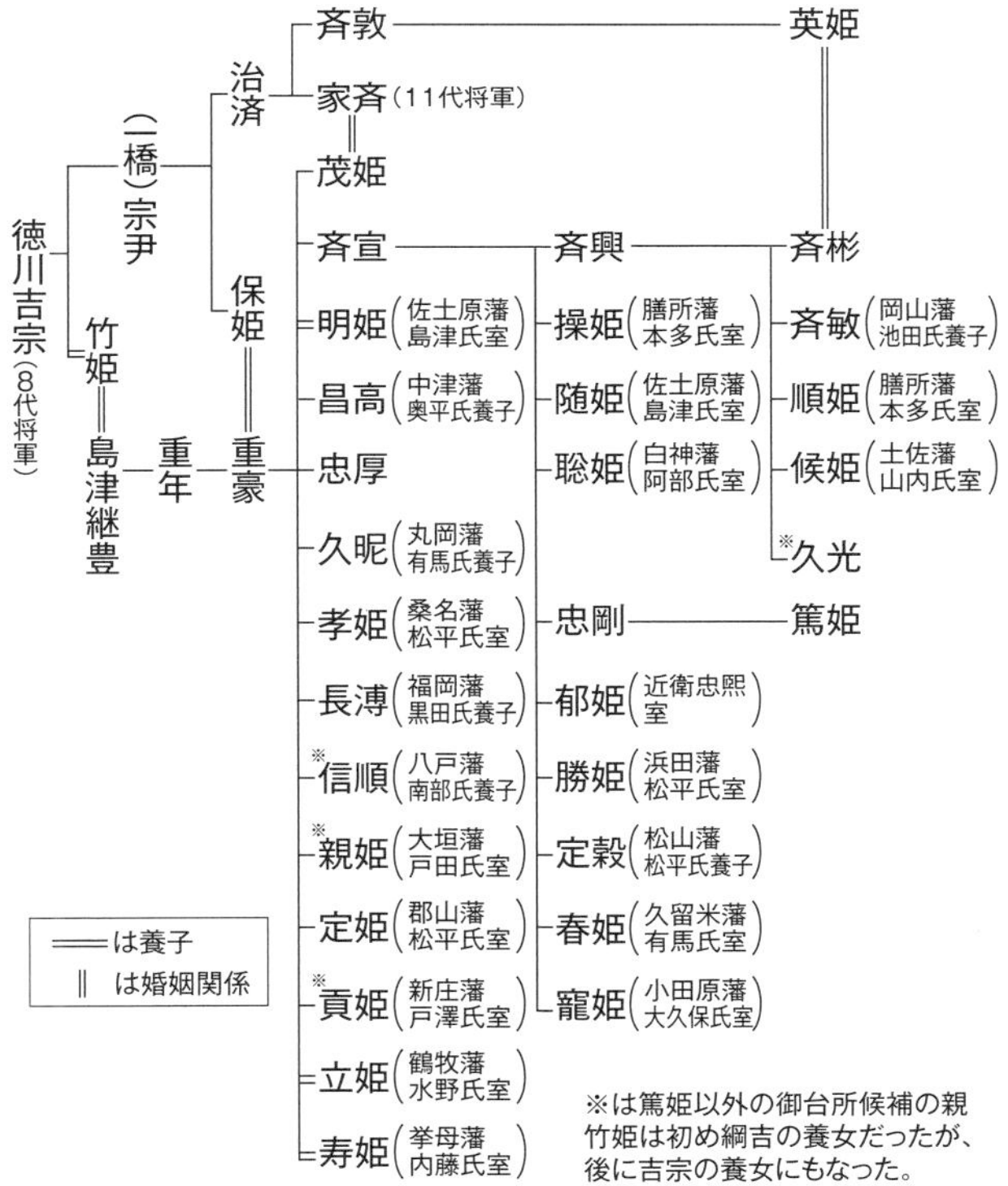

※は篤姫以外の御台所候補の親
竹姫は初め綱吉の養女だったが、
後に吉宗の養女にもなった。

いう麗人に恋をし、六代将軍・家宣の未亡人である天英院に、継室に迎えたいと申し出るシーンがあった。すると天英院が、「上様は形の上では綱吉公の曽孫ではありませんか。竹姫様は大叔母ということになりますから、逆縁の結婚はできません」と反対したのだった。

無骨で堅物の吉宗らしからぬ、よくドラマで登場するエピソードだが、当時の記録には、「竹姫様のご器量は勝れているというほどの物ではございませんが、ことのほかご利発」とあり、少なくとも「麗人」ではなかったようだ。

竹姫は、綱吉の側室（権大納言清閑寺《せいかんじ》熙定《ひろさだ》の妹）の姪である。この側室に子がないので綱吉の養女としてもらい受け、四歳のときから大奥で育てさせた。

綱吉の跡を継いだ家宣の正室・天英院は、この少女が幼少のころから良縁を模索したが、最初の許嫁である会津の松平正邦、二度目の有栖川宮正仁親王にいずれも先立たれ、二五歳になっても未婚だった。

たしかに、将軍になった吉宗が好意をもっているという噂はあったのだが、真偽は確かめようがない。

そうしたとき、薩摩藩五代藩主・島津継豊《つぐとよ》が毛利家出身の夫人に先立たれたので、吉宗と天英院が、結婚相手がなくて困っていた竹姫を島津家に強引に押し込んだのである。異例の嫁入り道具として、吉宗は、芝の六八七〇坪という広大な屋敷地と神田上水の分水を認めたが、これは薩摩藩にとって生活条件の飛躍的向上を意味するものだった。

こうして、竹姫は芝の藩邸の女主人となり、江戸社交界の実力者として君臨した。この竹姫にとって血はつながらないが孫に当たるのが、破天荒な実力君主だった八代藩主の島津重豪である。竹姫はこの若者を気に入り、正室として一橋宗尹《むねただ》（吉宗の四男）の娘である保姫《やすひめ》を迎えさせた。

保姫も竹姫と同様に将軍家との家族付き合いを続けた。しかし、この保姫は若くして死んだので、竹姫は徳川と島津の縁が遠くなるのを心配した。そこで、重豪の側室が妊娠していたので、もしその子が娘なら一橋家に嫁がせよと遺命して亡くなった（一七七二年）。

翌年に茂姫《しげひめ》が生まれ、同年、一橋宗尹の嫡子・治済には嫡男・豊千代（のちの一一代将軍・家斉）が生まれた。そこで、竹姫の遺命どおり、この二人の婚約が決まったのだが、三年後に一〇代将軍・家治の嗣子・家基が急死して、豊千代は将軍嗣子として西ノ丸に入ることになった。

重豪はこの婚約を竹姫の遺言だから不変だとし、茂姫を一橋家、ついで大奥で養育するように差配し、茂姫は「御縁女様」と呼ばれるようになる。そして、茂姫を近衛家の養女とすることで風当たりを弱めてから、家斉の御台所に押し込んだ。

これで、将軍の岳父になった島津重豪はやりたい放題となった。

◆豊臣派・毛利秀元の子孫が幕末の長州藩主

――関ヶ原の戦いでの藩内対立の構図は幕末まで続いていた

一本の矢は簡単に折れてしまうが、三本束ねれば折れにくい――。毛利元就《もうりもとなり》（一四九七～一五七一）が三人の息子たちを前に、一族の結束の大切さを諭した有名な「三本の矢」の逸話だ。

元就の死後、家督は長男の隆元《たかもと》が継いだ。しかし、隆元は父の元就より先に死んでしまったので、元就の孫の輝元《てるもと》が後継となった。

次男の吉川元春《きっかわもとはる》は島津征伐のときに亡くなった。

三男小早川隆景《こばやかわたかかげ》は、最初は伊予、ついで筑前一国を与えられ、豊臣五大老の一人となった。

輝元にははじめ男子がなかったので、元就の四男である穂井田元清《ほいだもときよ》の子・秀元が第三世代のエースと小早川隆景に評価されて輝元の養子となり、豊臣秀吉の弟・秀長の娘を正室に迎えた。

だが、輝元に秀就《ひでなり》という実子が生まれ（一五九五年）、しかも隆景と元清が相次いで死去（一五九七年）したため、秀元は後ろ盾がなくなり、秀就を跡継ぎにすることが決まった。

〈長州藩毛利家系図〉

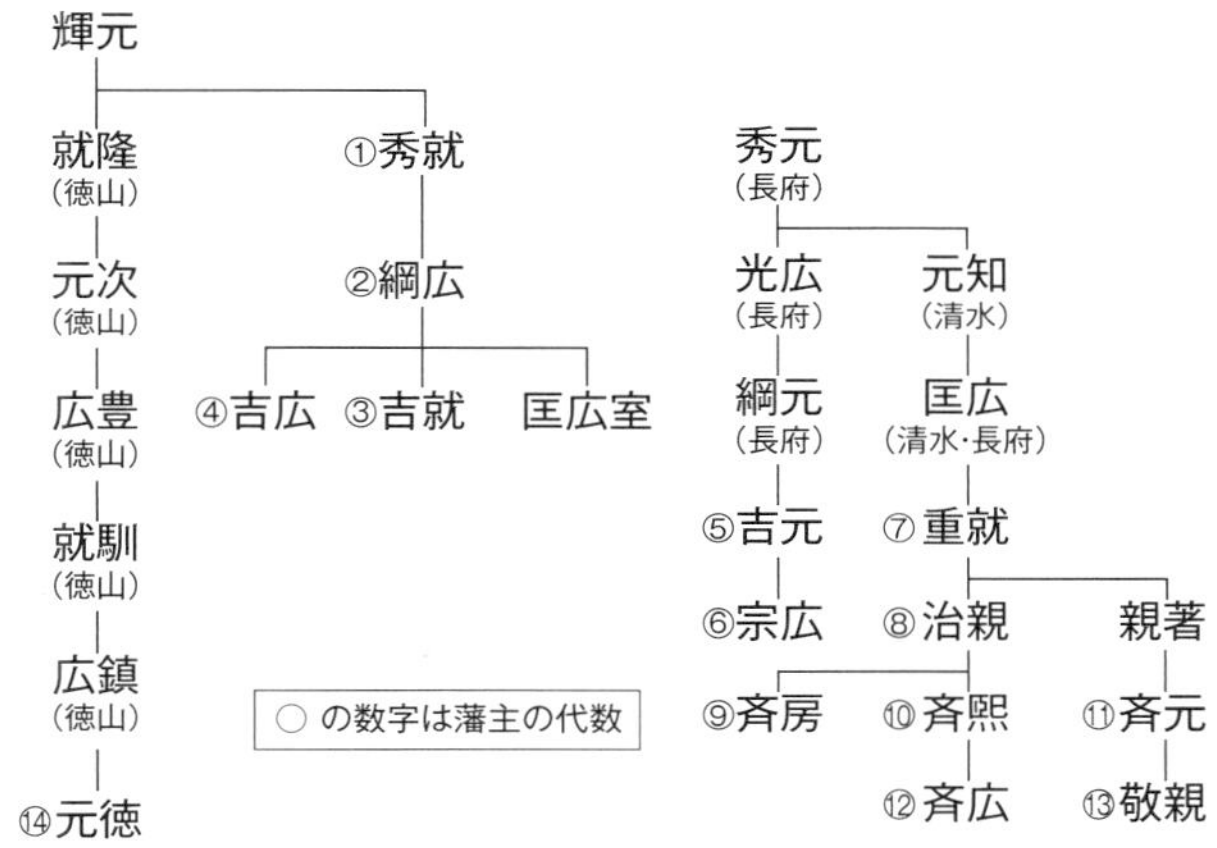

「関ヶ原の戦い」では、毛利家は西軍の総大将となって戦ったが、秀元の処遇が決まらないうちに開戦したことは、毛利家の結束が十分に発揮できない原因となった。吉川元春の子・広家は、家康に内通し、毛利軍の動きを妨害した。さらに、このややこしい関係がのちの幕末の政局でもものをいってくるのである。

合戦後、毛利軍は、吉川広家ら、領土安堵間違いなしと主張するハト派の意見が通って大坂城から退去した。しかし、彼らが徳川からもらった約束は空手形となり、防長二国だけとなった。その結果、ハト派が衰退し、かわってタカ派の毛利秀元が藩政を掌握する皮肉な結果となった。

長州藩では、もともと独立大名に近い存在だった毛利秀元と吉川広家には、それぞれ、長府と岩国が与えられた。のちに、輝元の次男である就隆《なりたか》が徳山藩、また、長府の分家として清末藩が成立する。ただし、岩国は、関ヶ原での前述の経緯から諸侯（大名）としての格は認められなかった。

ところが、のちになると初代長州藩主の毛利秀就と長府藩の秀元が対立し、徳山藩も独自性を主張し、秀元は長州藩政への関与をやめるかわりに長府藩と徳山藩の独立性は高まった。

しかし、一七〇四年に、長州藩では、秀就の孫で藩主吉広が三五歳で死去し、秀就の血統が絶えてしまった。そこで、輝元の血を引かない、秀元の曽孫である長府藩の吉元《よしもと》が長州藩主となった。

一方、長府藩の継承も混乱が続いた。毛利吉元が宗藩を継承したとき、長子である元朝《もととも》（のちの宗元）を実父である綱元の嗣子に残し、三男の元陳を宗藩の嗣子にした。元朝はいったん長府藩主となったが、元陳が早世したので、宗藩の長州藩の嗣子となり宗元《むねもと》と名乗った。そのあとの長府藩主には吉元の弟である元矩《もとのり》がなった。

ところが、これが一五歳で死んだので養子も用意できず、長府毛利家は断絶の危機に瀕したのである。そこで、老中だった井上正岑《まさみね》の示唆で、長州藩は清末藩主の毛利元平（長府藩主としては匡広《まさひろ》）に二万八千石を加増して三万八千石とし、長府へ移封するということにした。この段階では、一万石は減封となった。

長州藩では、長府藩から養子に入った吉元のあとは、末子の宗広が継いで六代藩主となったが、一七五一年に三五歳の若さで死去した。世嗣がいなかったため、万が一に備えた「当分の養子」として幕府に届けられていたことから長府藩から毛利重就を末期《まつご》養子として迎えた。

長府藩六代藩主・毛利匡広の正室は、長州藩二代藩主・毛利綱広の娘だった。その正室との間には娘が一人いて、これは、のちに越前丸岡藩有馬家に輿入れする。

宗広の娘を、母方を通じて毛利輝元の血を引く丸岡藩有馬家からの養子である大三郎に娶らせて重就の嗣子としたが、早死にしたので、重就の系統が藩主を独占した。

幕末の長州藩の殿様である毛利敬親《たかちか》（慶親）は重就の曽孫に当たる。敬親は「そうせい侯」と呼ばれ、部下の提案にあまり「ノー」といわなかったが、どっしりと構え思慮深い存在であった。ただし、明治になってから敬親が隠居して跡を継いだ最後の殿様・元徳《もとのり》は、徳山藩からの養子で、秀元ではなく輝元の子孫である。

◆山内容堂が庶民の事情に通じていた理由
――幕末には思いがけず藩主になった殿様が活躍した

幕末に活躍した殿様には、幼いうちから殿様になることが運命づけられていた貴公子ではなく、庶民とまではいわないが、中級武士としての生活を経験するなどして下々の実情に通じていた人が多いことが目立つ。

その典型が彦根藩の井伊直弼、長州藩の毛利敬親、薩摩藩の島津久光、宇和島藩の伊達《だて》宗城《むねなり》などだが、土佐藩一五代藩主・山内容堂《やまうちようどう》（一八二七～七二）もその一人だ。

正室の子である場合、江戸で生まれて、父親の死などを受けて殿様になり、初めてお国入りするのが普通だから、領国の事情はほとんど知らない。現代の二世代議士とよく似たものだ。生活にしても江戸屋敷の女性たちや家来がなんでもやってくれるから、自分では何もできなかった。学問もほとんどできない殿様も多かった。

そんなひ弱いお坊ちゃんでは、非常時に役に立たなかったし、生きた経済の知識や有用な人材を登用する人事も必要になったので、幕末の動乱期には、非主流派ともいうべき、国元で生まれ育って、中流家庭の生活をし、暇に任せて学問にいそしんでいた〝にわか殿様〟

が頼りにされたのだ。

「鯨海酔侯《げいかいすいこう》」と称した大酒のみの殿様、山内豊信（容堂）の父・豊著《とよあきら》は、第一〇代藩主・豊策《とよかず》の子で山内南家当主だった。一五〇〇石の蔵米知行を受け、城下で花鳥風月を友としながら平穏な日々を過ごしていた。母は扶持《ふち》（お抱え）方大工の娘だった。

山内南家というのは、徳川幕府における御三卿に似た制度で、お家断絶を避けるために、嫡子以外の何人かを他家に養子に出さずにキープしておく制度だった。

本来ならば藩主になるチャンスはごくわずかの立場である。だが、父の兄である豊資《とよすけ》の息子である豊熙《とよてる》が嗣子なくして死去し、しかも、そのあとを継いだ豊惇《とよあつ》（豊資の次男）は将軍へのお目通りもしないうちに死んでしまった。

そうなると、原則論では、お家断絶だった。しか

〈土佐藩山内家系図〉

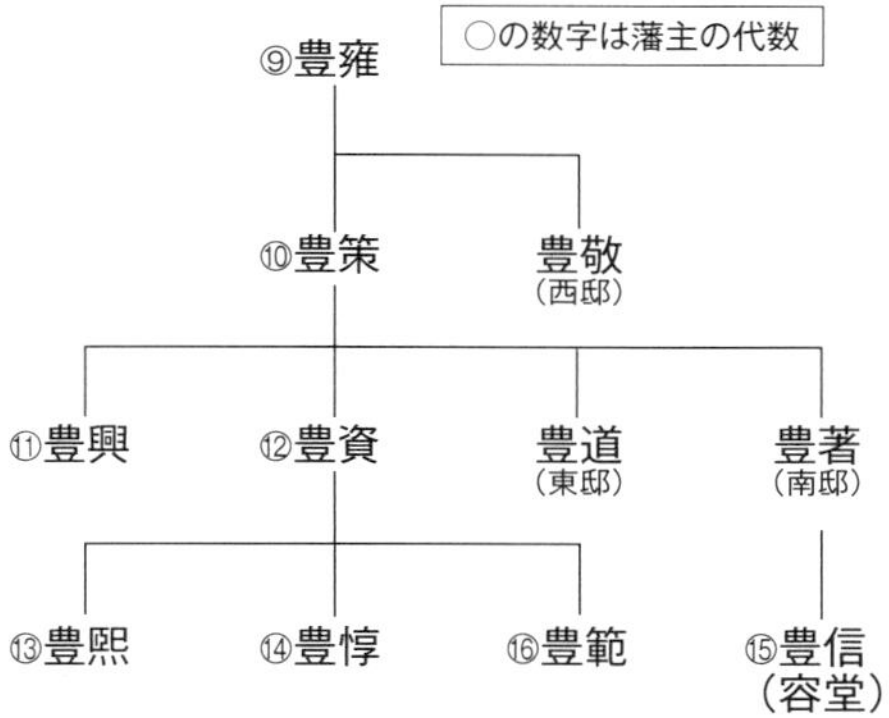

も、豊惇の次弟・豊矩は旗本の麻布山内家に養子に出ており、末弟の豊範はまだ三歳であった。そこで、豊惇の死を公表せずに隠居したことにして、二二歳と年の頃がちょうどいい従兄弟の容堂を養子に迎えて家督を継承させた（一八四八年）。そのうえで、豊惇を翌年二月に病死したことにしたのである。

もちろん幕府も知っているのだし、それなら徳川家から養子を取れといわれかねず、慎重な工作が必要だった。幸い豊熙の正室は島津斉彬の妹で、老中阿部正弘にもパイプがあった。

兄の養子となってから藩主就任まで三年間の猶予があった井伊直弼などと違って、容堂の場合、まったく突然殿様になったのである。

こうして藩主となった容堂だったが、ご隠居様で保守派の豊資の力は強く、日常生活まで含めて厳しい統制の下に置かれた。だが、藩主就任から五年後の一八五三年にペリーが浦賀にやってきた。このとき、容堂は吉田東洋を大目付に抜擢し、幕府に対して「ペリーの要求は拒否する一方、オランダに依頼して技術者を送ってもらい、海防体制を整えよ」という趣旨の意見書を出して、一躍注目された。

このころ、容堂は親戚である島津斉彬《なりあきら》などと交流を深め、将軍継嗣問題でも動いたが、このときに井伊直弼と対立したことが禍して一八五九年には隠居し、さらに謹慎を命じられ、豊範《とよのり》が藩主となった。

その後は、土佐に帰って、吉田東洋ら改革派、武市半平太《たけちはんぺいた》など勤皇派、反吉田の守旧派のバランスを巧みにとって幕末の政界で活躍する基盤を創った。

ただ、征長戦争のときに幕府側の優位を見込んで武市を切腹させるなど勤皇派を粛清したが、その後情勢が逆転した。そこで、浮上したのが坂本龍馬だった。龍馬は、土佐藩を脱藩して長州藩にパイプをつくり、薩摩藩に雇われて亀山社中という、いまでいう半官半民の第三セクターの経営をしていた。武器取引などで稼ぎ、その金を政治工作資金に充てる、いまでいう政商、あるいはフィクサーだった。容堂は、薩長同盟（一八六六年）ができた結果、薩摩藩からは御用済みになっていた坂本龍馬のために、今度は海援隊という土佐藩の第三セクターをつくらせて政治工作に当たらせた。

その結果、容堂は大政奉還のお膳立てに成功して名を高めたが、「王政復古の大号令」が実行された直後の小御所《こごしょ》会議のときには、徳川慶喜追放に反対したものの、西郷隆盛に脅されて黙る羽目になり、屈辱を味わった。

◆鍋島直正が抱いた従兄弟・島津斉彬へのライバル心

――幕末の名君が政局の表舞台に出てこなかった事情

一〇代佐賀藩主の鍋島直正《なべしまなおまさ》（閑叟《かんそう》）（一八一五～七一）は名君として知られるが、幕末の動乱を横目で見ながら中央政局にはほとんどかかわらなかった。アームストロング砲とともに表舞台に再登場するのは、「鳥羽伏見の戦い」も終わって戊辰戦争が始まってからだった。上野の山に立てこもる彰義隊や会津若松城を粉砕して薩長土肥の一角を占めたのだが、後出しジャンケンの名手のようにいわれることが多い。

しかし、鍋島直正が一時期、幕末の政局の表舞台から消えていたのは、盟友関係にあった井伊直弼が殺された「桜田門外の変」の結果ということが意外に知られていない。そこには、母親同士が姉妹という薩摩藩の島津斉彬とのライバル心があったのだ。

鍋島直正と島津斉彬の母は、いずれも鳥取藩主だった池田治道《はるみち》とその正室である仙台藩主伊達重村の娘の子であり、錚々たるＤＮＡを引き継いでいた。両者の人脈を比較すると、島津斉彬は水戸斉昭や松平春嶽、阿部正弘ら有力大名と親しかったわけだが、鍋島直正は井伊直弼ら幕閣の幹部と親しかった。

一八四〇年、中国で「アヘン戦争」が起きると、オランダ国王は、開国を勧告するために軍艦パレンバン号を長崎に派遣してきた。老中阿部正弘は、「オランダとは通商を開いているが国交を持っているのではないから、余計なことを二度と言ってくるな」というひどい対応だったが、鍋島直正は自ら軍艦に乗り込み最新鋭の武備を視察し、長崎港の防備を固めることを幕府に提言した。

さらに、自力で沖合の佐賀藩領の伊王島と神ノ島に堅固な砲台を築き、大々的に大砲の大量生産に乗り出し、蘭学寮も開設した。ペリーが浦賀に来航したときも、話し合いを長崎ですることについては譲歩するなともっともな主張をした。

当時の直正は、井伊大老に接近し、次の参勤交代のときには江戸まで軍艦で来ても良いといわれるまでに信頼されていた。直正は天領だった天草を預かり地として海軍基地化することなどを提案したが、非常に現実的な対応策だった。従兄弟の島津斉彬が、将軍後継問題などで井伊と対立したのとは対照的な友好関係だった。

しかし、直正は「桜田門外の変」ののちの政治情勢に身の危険を感じ、翌年には隠居した。その後、政局に口をはさむことは少なかったが、長州の行動は筋が通ったものだとして、幕府に対して寛大な措置を訴えた。

直正から見れば、長州の攘夷決行を罰する理由などないように思えたし、薩摩主導の政局への反発もあったのだろう。

慶喜が将軍になると、直正は大政奉還の直前に上洛し慶喜と会ったが、国内融和を説いて、慶喜の側に立って戦うことは約束しなかった。そして、明治新政府においても議定、ついで大納言という副首相格を務めたが、実力を発揮するにいたらず、一八七一年に没した。

嫡子の直大《なおひろ》は、一八七一年一一月に出発した岩倉遣欧米使節団に参加した。一八七四年には国元で起きた「佐賀の乱」を収めるためにいったん帰国したが、再出発し、一八七八年まで海外にあって華やかな社交界で暮らした。帰国後二年目には、再びイタリア駐在公使として赴任。帰国後は、元老院議官、式部長官、貴族院議員、宮中顧問官、國學院大学長などを務め一九二一年に七六歳で没した。

幕末・明治の鍋島家は、閨閥からみてもたいへん華麗なものであった。直大の次女伊都子《いつこ》が梨本宮《なしもとのみや》妃殿下となり、その娘方子《まさこ》は李王朝の皇太子だった李垠《りぎん》と結婚した。方子は、社会事業に携わり、戦後の韓国でも高い尊敬を受けることとなった。直大の娘で会津の松平恒雄に嫁いだ信子の子は秩父宮妃勢津子妃殿下となり、彼女たちは、美智子皇后の結婚に反対したことで知られる。また、一二代熊本藩主・細川護久《もりひさ》に嫁いだ直正の娘宏子の曽孫が細川護熙元首相である。

ちなみに、美智子皇后の母方実家は鍋島家老の多久家の家臣、つまり陪臣である。雅子妃の母方実家である江頭家も鍋島家の家臣で、土佐の郷士《ごうし》に近い手明鑓《てあかりやり》（武士と足軽の中間にあたる家格）という身分だったらしい。鍋島家としては、複雑な気分かもしれない。

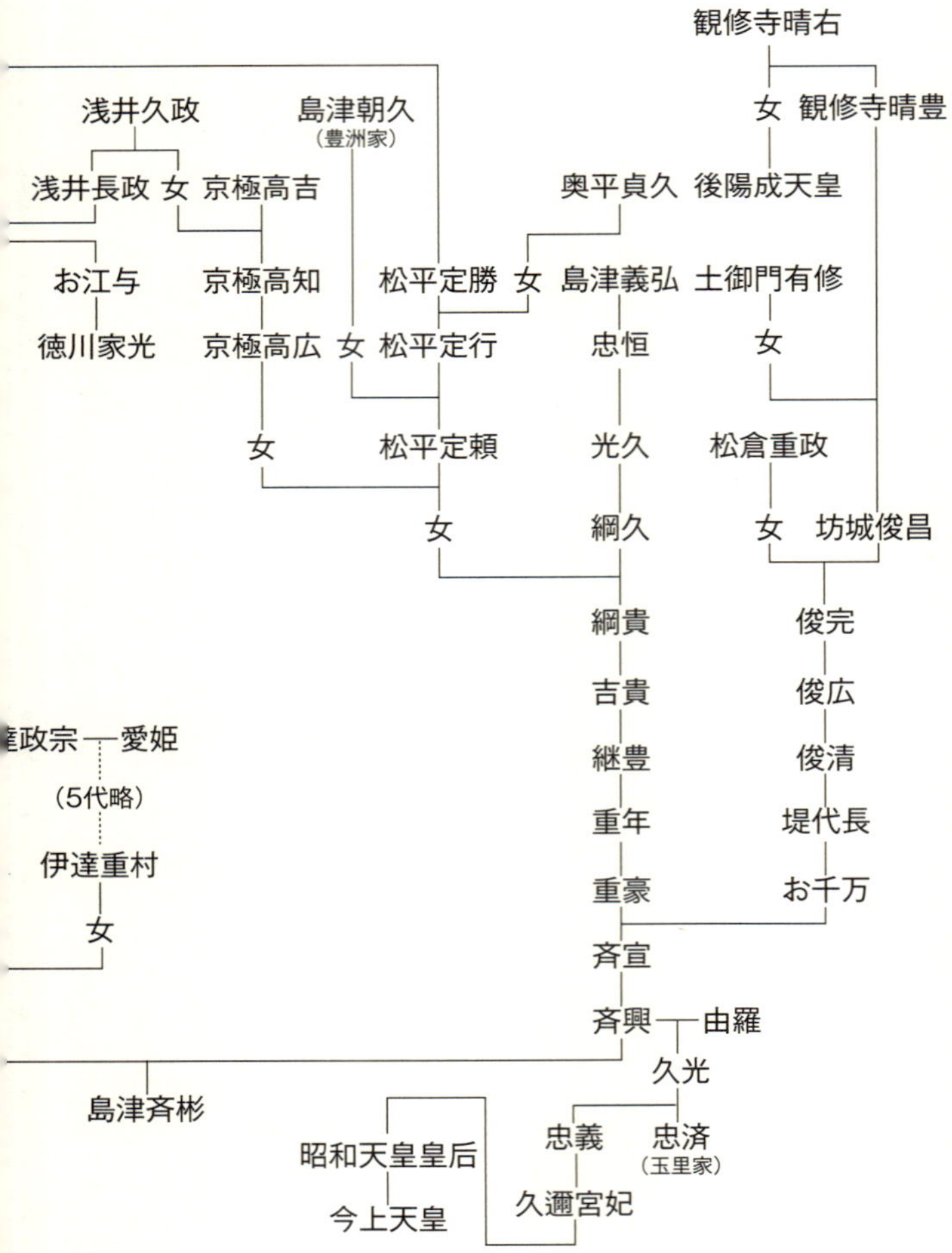
観修寺晴右
浅井久政
島津朝久
（豊洲家）
女
観修寺晴豊
浅井長政
女
京極高吉
奥平貞久
後陽成天皇
お江与
京極高知
松平定勝
女
島津義弘
土御門有修
徳川家光
京極高広
女
松平定行
忠恒
女
女
松平定頼
光久
松倉重政
女
綱久
女
坊城俊昌
綱貴
俊完
吉貴
俊広
達政宗
愛姫
継豊
俊清
（5代略）
重年
堤代長
伊達重村
重豪
お千万
女
斉宣
斉興
由羅
久光
島津斉彬
忠義
忠済
（玉里家）
昭和天皇皇后
久邇宮妃
今上天皇

〈島津斉彬女系系図〉

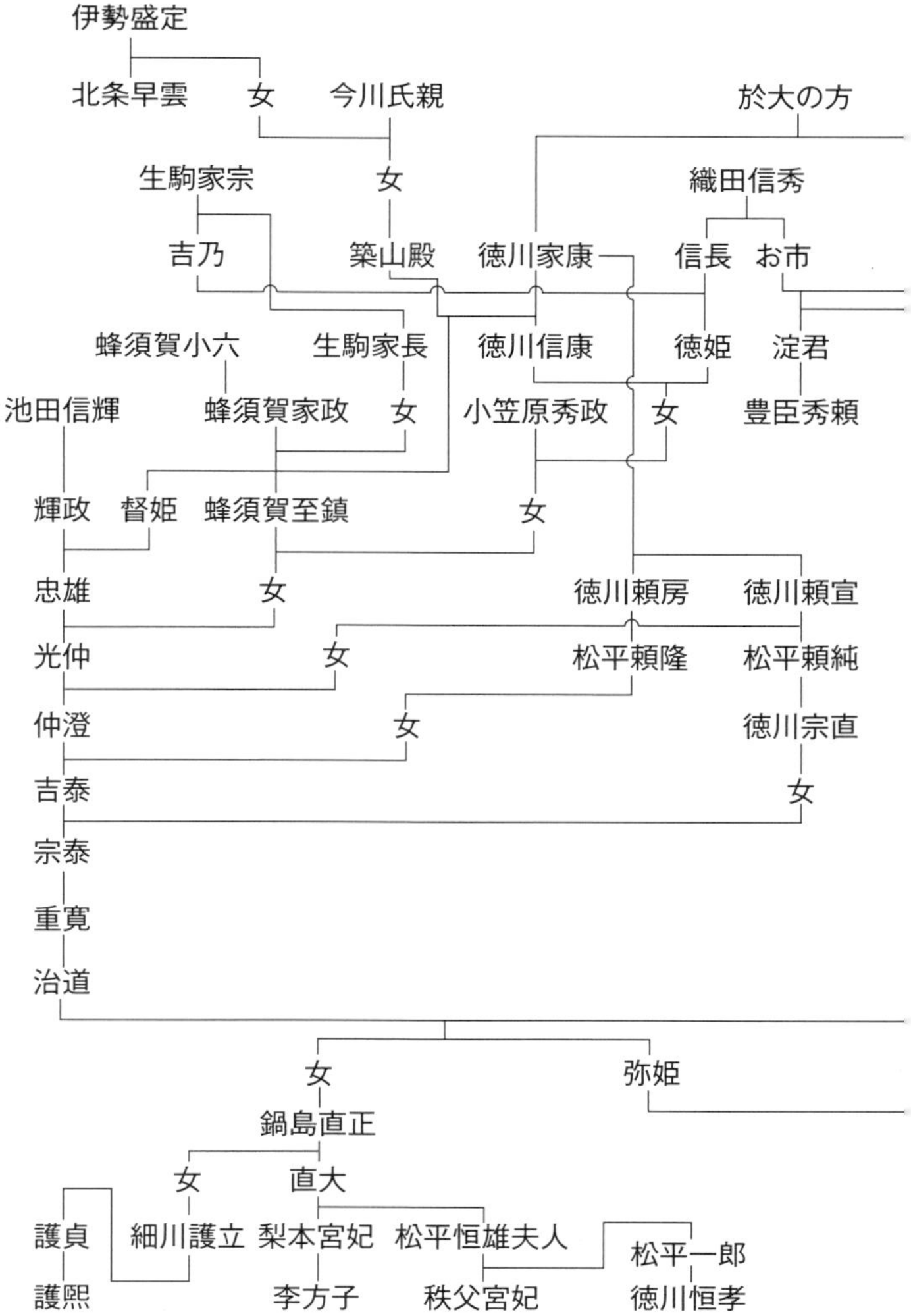
伊勢盛定
北条早雲
女
今川氏親
於大の方
生駒家宗
女
織田信秀
吉乃
築山殿
徳川家康
信長
お市
蜂須賀小六
生駒家長
徳川信康
徳姫
淀君
池田信輝
蜂須賀家政
女
小笠原秀政
女
豊臣秀頼
輝政
督姫
蜂須賀至鎮
女
忠雄
女
徳川頼房
徳川頼宣
光仲
女
松平頼隆
松平頼純
仲澄
女
徳川宗直
吉泰
女
宗泰
重寛
治道
女
弥姫
鍋島直正
女
直大
護貞
細川護立
梨本宮妃
松平恒雄夫人
松平一郎
護煕
李方子
秩父宮妃
徳川恒孝

◆島津久光が薩摩藩主を継げなかったわけ
――江戸で暮らしたことがなかった大殿様の革命

今上陛下は、二〇〇三年、七〇歳の御誕生日の記者会見で、「沖縄の歴史をひもとくことは、島津氏の血を受けている者として、心の痛むことでした。それであればこそ、沖縄の人々の気持ちが理解できるように、努めてきたつもりです」と仰っている。

これは、今上陛下の母である香淳《こうじゅん》皇后の母・久邇宮俔子《くにのみやちかこ》は薩摩藩最後の藩主・島津忠義《ただよし》の娘であるからだ。その忠義は、島津久光《ひさみつ》（一八一七〜八七）の実子である。ただ、久光の兄である斉彬が死んだときに、すでに久光は四一歳だったので、忠義が斉彬の養子として宗家を継いだ。

したがって、久光は藩主だったことはないのだが、国父《こくふ》として藩政の実権を握っていた。さらに、明治政府は、うるさ型の久光への懐柔策として、玉里島津家を立てさせ、これも宗家とは別に公爵家とし、久光の七男の忠済《ただなり》に継がせた。

したがって、鹿児島にある宗家は斉彬の子孫ということになり、久光は先祖として位置づけられておらず、東京にある玉里家が久光家といわれたりする。

〈徳川家・島津家・天皇家の縁戚図〉

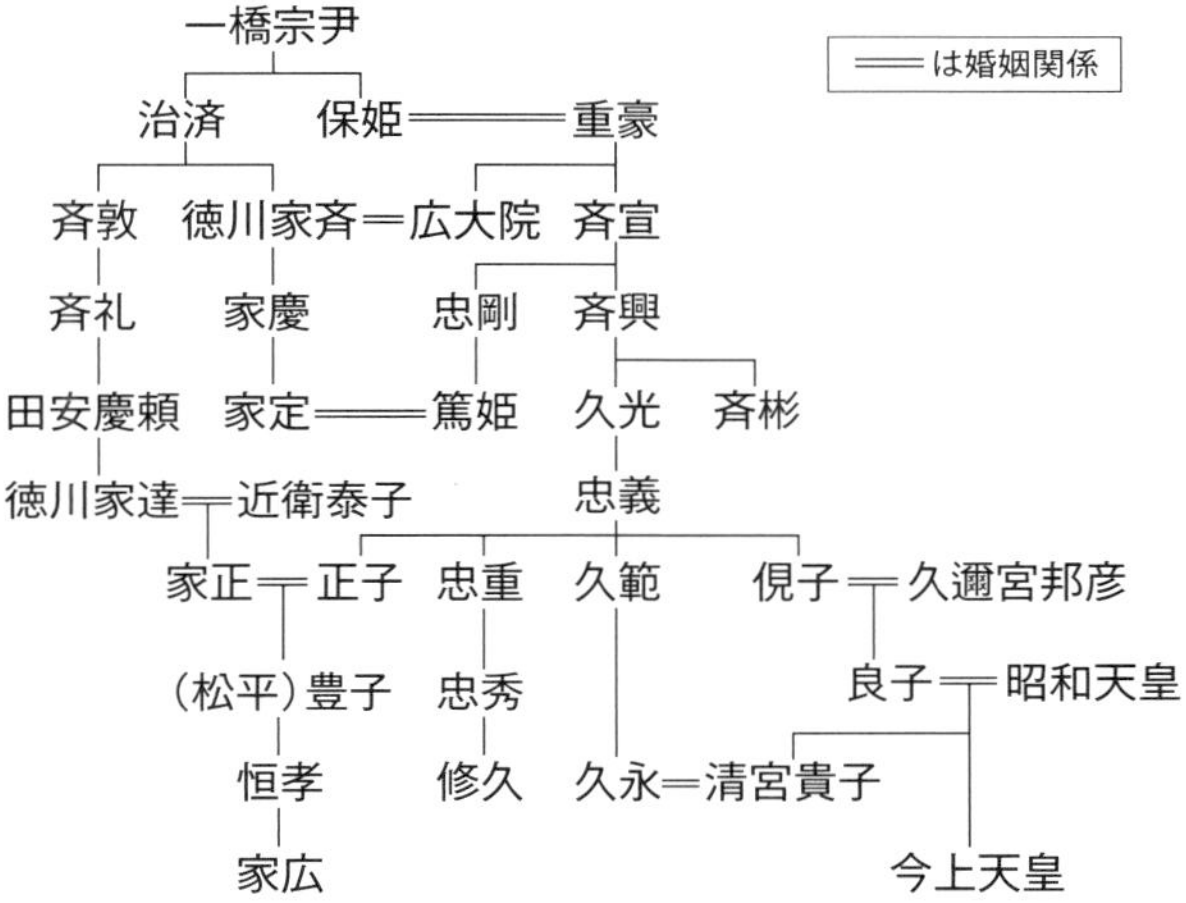

斉彬は薩摩藩一〇代藩主・島津斉興の正室の子で、前述のように、母は鳥取藩池田家から来ていた。勝海舟に、「性質温和で容貌が整い、親しみやすいが犯しがたい威厳もあった。度量遠大で国を背負う気概もあり、維新に多くの人材を薩摩が出せたのもその教化によるものだ」と言わしめた英傑だった。

しかし、斉彬には御曹司なりの弱さもあって、不仲でなかなか隠居しなかった父の斉興は、「斉彬は勇気がなく、おしゃべりで、評判を気にしすぎる」と次男の久光に書き送っている。要するに、貴公子だけに、「幕府などに粘り腰で交渉する根性と懐の深さがなく、いい子ぶりしすぎだ」、「いろいろ根回しを周到にやりすぎ、策を弄し、藩外に恥をさらすことが多い」というような意味で斉興は言ったのだろう。

それに対して久光は、わからず屋の難しいところはあるが、私は、この久光の尖ったところこそが、倒幕を実現する原動力になったのでないかと思う。

久光は斉彬より八歳年少である。母親は江戸の町人の娘であるお由羅《ゆら》だが、久光は鹿児島で生まれそこで育った。少年時代から聡明といわれ、蘭学などにも興味を示した斉彬と違って、久光は伝統的な国学・漢学に傾倒した。

父の斉興は久光のほうを評価して跡を継がせたいと思っていたが、幕閣と結んだ斉彬によって斉興は引退に追い込まれた。しかし、斉彬は弟の久光の才能を高く買い、勝海舟が咸臨丸《かんりんまる》で薩摩の指宿《いぶすき》を訪れたとき、「若いころから学問を好み、その見聞と記憶力の強さ、志操方正で厳格なところも自分に勝っている」と久光を海舟に紹介している。

久光も自分なりに斉彬を尊敬し、その志を継ぎたいと思った。その久光の側近として大久保利通らを取り込んだのが、NHK大河ドラマ「篤姫《あつひめ》」で主人公篤姫の恋人として描かれた小松帯刀《たてわき》である。

一八六二年、久光は斉彬の遺志を継いで公武合体を進めると称して兵を率いて上洛する。西郷隆盛は中央政界に経験も知己もない久光がそんなことをするのは無謀だと、失礼にも面前で言って反対したが、西郷の予言は外れ、久光の行動は革命を引き起こした。

ただ、王政復古後は、西郷や大久保が久光の意向に反して独自の立場で動き、久光は両者を糾弾した。「西南戦争」にあっては、中立の立場をとったが、政府軍に自分の御殿などを焼かれて憤激ただならぬものがあった。

ただし、左大臣、ついで、公爵となり、新政府からは十分に処遇された。さらに、明治も二〇年代になると、文明開化も一段落し、伝統的な日本文化や道徳にも価値を見出そうという風潮となった。明治二三年（一八九〇）の「教育勅語」の発布はその象徴だが、これらの動きは、維新直後から久光の主張してきた文脈に沿うものだった。

そして、その後の島津家は、多くの子供たちのおかげで、子孫は大いに栄えている。香淳皇后を通じて、今上陛下は久光の玄孫《やしゃご》にあたるし、陛下の妹である貴子さまが嫁がれた島津久永《ひさなが》氏は、日向砂土原《ひゅうがさどわら》佐土原藩主・島津家の当主だが、その父の久範が久光の孫に当たる。

◆篤姫がゴッドマザーとして君臨した明治の徳川家

――家老の娘に戻りたくない篤姫の必死の戦い

ＮＨＫ大河ドラマ「篤姫《あつひめ》」で、宮﨑あおいが演じた主人公の篤姫（天璋院《てんしょういん》）は、とても可愛らしくヒューマンに描かれたが、現実の篤姫は、徳川家の「肝っ玉母さん」ともいうべき存在だった。篤姫は、せっかく一三代将軍・家定《いえさだ》の御台所（正室）になったのに、家定が三四歳で急死してしまった。そこで、もとの家老の娘に戻されてはたまらないというわけで、必死の戦いを展開した。それが、近代においても徳川家を名門として残す原動力になったのである。

篤姫は、島津一族で家老の今和泉《いまいずみ》家・島津忠剛《ただたけ》の長女として生まれた。殿様のお姫様でもない鹿児島生まれの娘が、青天の霹靂《へきれき》で将軍の御台所になった。まさにシンデレラ物語の主人公である。

家定の正室は初めは公家の鷹司政熙《たかつかさまさひろ》の娘で、ついで同じく公家の一条忠良の娘だった。この二人に先立たれたので、公家の娘は懲《こ》り懲《ご》りだと武家の娘の中から次の正室をとなった。そこで、一一代将軍・家斉夫人の茂姫（広大院）を出し、一族子だくさんでもある島津の縁者からがいいということになった。

幕府から打診があっても、島津斉彬には適当な娘がいなかったので、八代藩主・重豪の子が養子になった八戸南部家や、同じく重豪の娘が嫁いだ出羽新庄戸沢家、大垣藩戸田氏正の娘、久光の娘なども検討されたのだが、家臣から島津忠剛の長女・篤姫が良いと推薦された。斉彬と篤姫は従兄妹の関係だったが、斉彬は、これを実子として届け出、さらに、近衛家の養女にしてから御台所に送り込んだ。落ち着きがあってしっかりした女性だったらしい。

斉彬にはもう一つの目的があった。次期将軍に一橋慶喜を送り込むために、篤姫をそのための工作員として、この縁組みを推進したのだ。だが、現実に大奥に入った篤姫は、下手に慶喜擁立で動けば自分の身が危なくなる、さらには、斉彬や島津の家にも利益にならない、という判断に急速に傾いた。

このあたり、江戸生まれのやんちゃ坊主である斉彬に比べ、薩摩の伝統社会の中で育った篤姫の良くも悪くも保守的で慎重な性格が影響したといえそうだ。

若くして姑となった篤姫は、しばしば「嫁である和宮をいじめた」というイメージでとらえられる。孝明天皇の異母妹である和宮が、一四代将軍・家茂《いえもち》（家定の従兄弟）に降嫁するとき、篤姫を薩摩藩に返してしまえ、という話もあったのだが、篤姫は断固拒否した。それはそうで、島津家に戻ったらただの家老の娘でしかなくなってしまうからだ。

天皇の御威光をしょって立たねばと気負う和宮と、大奥の取り締まりを任せられた篤姫はたびたび衝突した。篤姫は、江戸城の明け渡しでは抵抗したようだが、勝海舟に、一時的な退去だと騙されて江戸城を出て、二度と戻れなかった。そのあと、篤姫は徳川宗家一六代当主となった家達《いえさと》の養育にあたった。家達はほかの多くの若殿様たちと同じように英国に留学に旅立ち、当主家達の不在中に、篤姫は千駄ヶ谷に新居を建てて移った。

このころになると、篤姫は勝海舟などに連れられ、身元を隠して吉原であるとか、柳橋の船宿、有名料亭だった八百善などにも姿を見せ、日常生活でもこうもり傘をステッキ代わりにして町を歩いたりしたという。

そして、家達の許嫁として、篤姫自身が形式上の実家とする近衛家の泰子を、徳川の嫁として教育した。その母は、島津家出身である。明治一五年（一八八二）になって、家達が帰国し、泰子と結婚した。その翌年、篤姫はようやくお役ご免となったという安心感からか、中風で世を去った。

篤姫は、家達の嫡男を島津の姫と結婚させるようにと遺言しており、これに従って家達の嫡男・家正は島津忠義の娘である正子と結婚した。この二人に男子はなかったので、会津の松平容保の六男である恒雄《つねお》の子である一郎に娘の豊子を娶らせ、その二人の間に生まれたのが現在の徳川宗家当主・恒孝《つねなり》（一八代）である。

こうして、篤姫の努力の結果として、徳川宗家にも島津のＤＮＡはしっかりと組み込まれたのである。

青春新書
INTELLIGENCE

こころ涌き立つ「知」の冒険

いまを生きる

"青春新書"は昭和三一年に——若い日に常にあなたの心の友として、その糧となり実になる多様な知恵が、生きる指標として勇気と力になり、すぐに役立つ——をモットーに創刊された。

そして昭和三八年、新しい時代の気運の中で、新書"プレイブックス"にその役目のバトンを渡した。「人生を自由自在に活動《プレイ》する」のキャッチコピーのもと——すべてのうっ積を吹きとばし、自由闊達な活動力を培養し、勇気と自信を生み出す最も楽しいシリーズ——となった。

いまや、私たちはバブル経済崩壊後の混沌とした価値観のただ中にいる。その価値観は常に未曾有の変貌を見せ、社会は少子高齢化し、地球規模の環境問題等は解決の兆しを見せない。私たちはあらゆる不安と懐疑に対峙している。

本シリーズ"青春新書インテリジェンス"はまさに、この時代の欲求によってプレイブックスから分化・刊行された。それは即ち、「心の中に自らの青春の輝きを失わない旺盛な知力、活力への欲求」に他ならない。応えるべきキャッチコピーは「こころ涌き立つ"知"の冒険」である。

予測のつかない時代にあって、一人ひとりの足元を照らし出すシリーズでありたいと願う。青春出版社は本年創業五〇周年を迎えた。これはひとえに長年に亘る多くの読者の熱いご支持の賜物である。社員一同深く感謝し、より一層世の中に希望と勇気の明るい光を放つ書籍を出版すべく、鋭意志すものである。

平成一七年　　刊行者　小澤源太郎

著者紹介
八幡和郎〈やわた　かずお〉
1951年滋賀県生まれ。東京大学法学部を卒業後、通商産業省(現・経済産業省)に入省。フランスの国立行政学院(EMA)に留学。北西アジア課長、大臣官房情報管理課長、国土庁長官官房参事官などを歴任後、現在、徳島文理大学教授、国士舘大学大学院客員教授をつとめるほか、作家、評論家としてテレビなどでも活躍中。ベストセラー『江戸三〇〇藩最後の藩主』(光文社新書)のほか、『最強の世界史』『最強の日本史』(扶桑社新書)、『歴代天皇列伝』(PHP研究所)など著書多数。

「系図《けいず》」を知《し》ると日本史《にほんし》の謎《なぞ》が解《と》ける　青春新書 INTELLIGENCE

2017年10月15日　第1刷

著者　八《や》幡《わた》和《かず》郎《お》

発行者　小澤源太郎

責任編集　株式会社プライム涌光
電話　編集部　03(3203)2850

発行所　東京都新宿区若松町12番1号　〒162-0056　株式会社青春出版社
電話　営業部　03(3207)1916　振替番号　00190-7-98602

印刷・中央精版印刷　製本・ナショナル製本

ISBN978-4-413-04523-0